로직아이 새

5단계 노랑

(주)로직아이

펴내는 글 & 일러두기

로직 있는 아이를 위하여…

독서는 감동입니다. 감동은 집중력을 높여 줍니다. 어렸을 때 감동하면서 책을 읽은 아이들이 다른 일도 잘합니다.

독서는 핵심입니다. 핵심을 파악해야 발전합니다. 모든 사건에는 핵심이 있고 모든 일은 핵심을 중심으로 전개됩니다. 독서는 전체의 흐름과 핵심 파악에 도움을 줍니다.

독서는 꿈입니다. 독서는 꿈의 실현이 아니라 꿈을 꾸게 하는 다리입니다. 꿈을 꾸는 사람만이 꿈을 이룰 수 있습니다.

독서만이 미래이고 독서만이 희망입니다. 병들기 전에 병을 치료하는 일이 좋은 일이듯, 문제가 발생하지 않도록 하는 일이 중요합니다. 독서는 병들기 전에 치료하는 최고의 보약입니다.

〈로직아이〉는 모든 선생님과 학부모 그리고 대한민국 모든 아이들이 건강하고 행복하기를 기원합니다.

집필자들을 대신하여
(주) 로직아이 리딩교육원 원장 박우현

교재의 특징

▶ 이 교재는 독서지도를 위한 교재입니다. 그러나 이 교재를 사용하다 보면 자연스럽게 글쓰기와 논술 실력이 늘 것입니다.
▶ 이 책에는 해당 책을 이용한 PSAT(공직 적성 평가 : 행정 고시, 외무 고시, 기술 고시 1차 시험)와 LEET(사법 고시를 대신하는 법학 전문 대학원 입학시험 문제) 형식의 문제가 수록되어 있습니다. 아이들에게 대입 수능 시험이나 공무원 시험 형식에 대해 친근한 느낌을 갖게 할 것입니다.

교재 사용 방법

1. 이 교재를 사용하는 교사나 학부모 그리고 아이들은 해당 책을 반드시 읽어야 합니다. 그 후에 문제들을 풀면 그것만으로도 그 책을 다시 한번 읽는 셈이 됩니다.
2. 이 교재는 단계별로 구성되어 있지만 아이들의 성향이나 독서 능력에 따라 자유롭게 활용해도 무방합니다.
3. 교재는 단계별로 각각 6권으로 구성되어 있지만 그 순서는 교사나 학부모가 정할 수 있습니다. 아이들의 취향이나 선생님의 지도 방법에 따라 선택 지도할 수 있습니다.

〈감사의 말씀〉 이 교재 속에 수록된 텍스트와 이미지 사용을 허락해 준 모든 출판사에 감사드립니다.

목 차

나무를 심은 사람
4쪽

길모퉁이 행운돼지
14쪽

지켜라! 멸종 위기의 동식물
24쪽

서찰을 전하는 아이
34쪽

함께 사는 다문화 왜 중요할까요?
44쪽

마당을 나온 암탉
54쪽

나무를 심은 사람

장 지오노 글 / 프레데릭 백 그림
햇살과나무꾼 옮김 / 두레아이들

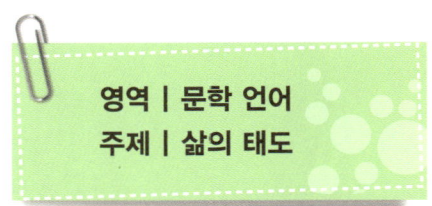

영역 | 문학 언어
주제 | 삶의 태도

1. 이야기를 시간 순서에 따라 요약할 수 있다.
2. 자연이 사람의 마음에 영향을 준다는 사실을 알 수 있다.
3. 인류를 위한 숭고한 삶의 태도에 대해 생각할 수 있다.

줄거리

　모든 것이 파괴된 자리에 우직하게 남아서 나무를 심는 노인, 엘제아르 부피에. 아무런 대가도 바라지 않고 오직 자신을 포함한 모든 사람의 행복한 삶을 위해 나무를 심는 것에 평생을 바친다. 주인공의 차분한 시각과 설명을 통해 생명이 사라졌던 마을에 생명이 피어나고 부활하는 과정을 볼 수 있다. 이 모든 것은 누가 뭐라고 하든 상관없이 거의 평생을 나무를 심은 노인 덕분이다.

도서 선정 이유

　자신의 이익이 아니라, 다른 사람을 위한 삶이나 자연을 위한 삶을 살기란 참으로 어려운 일이다. 그럼에도 불구하고 한 사람, 그것도 한 노인의 집념 어린 노력이 황무지였던 곳을 살기 좋은 마을로 변화시키고 생명을 불어넣는 과정을 통해, 우리는 고결한 삶이 가져온 창조의 삶을 배울 수 있다. 한 사람의 숭고한 목표와 집념이 다른 사람, 더 나아가 나라 전체의 행복에 기여할 수 있음을 알 수 있다.

1 다음 단어의 뜻에 해당하는 설명을 찾아 연결 지어 보세요.

해발	○ ○	소·말·양 등의 가축을 놓아서 기르는 곳
언뜻	○ ○	해면(바닷물의 표면)을 기준으로 잰 높이.
도르래	○ ○	모직물(털실로 짜서 만든 물건)의 하나. 바닥에 깔거나 벽에 건다.
살갑다	○ ○	잠깐 나타나거나 문득 생각나는 것을 나타내는 말.
방목장	○ ○	논이나 밭을 만들려고 땅을 파 일으키다.
융단	○ ○	줄을 걸어서 물건을 끌어올리거나, 힘의 방향을 바꾸거나 하는 데 쓰이는 바퀴.
일구다	○ ○	마음씨가 부드럽고 상냥하다.
호젓하다	○ ○	무서운 생각이 들 만큼 고요하고 쓸쓸하다.

2 다음 문장에 알맞은 단어를 보기에서 찾아 써 보세요.

보기

목탄   황무지   고결하다   정정하다
석탄   공유지   앙상하다   담담하다

① 튼튼하고 건강하다.   (   )
② 고상하고 깨끗하다.   (   )
③ 동요 없이 차분하고 평온하다.   (   )
④ 국가나 공공 단체가 소유한 땅.   (   )
⑤ 몸이 뼈만 남은 것처럼 몹시 말랐다.   (   )
⑥ 손을 대어 거두지 않고 내버려 둔 거친 땅. (   )

1 한 사람의 인격이 얼마나 훌륭한지 알기 위해서는 어떻게 해야 한다고 했나요? (3쪽)

2 주인공은 40년 전 어떤 곳으로 여행을 떠났나요? (4쪽)

3 주인공이 처음 발견한 마을은 어떠했나요? (7쪽)

4 물을 찾기 위해 걷다가 만난 사람은 누구였나요? (10쪽)

5 주인공이 만난 사람은 무엇을 하고 있었나요? (19쪽)

6 양치기 노인은 몇 년 동안 나무를 심을 것이라고 말했나요? (21쪽)

7 주인공은 어떤 전쟁에 얼마나 오랫동안 나가 있었나요? (22쪽)

8 5년이 지나는 동안 노인은 어떻게 변했나요? (24쪽)

9 정부 대표단이 방문해서 했던 가치 있는 일은 무엇이었나요? (32쪽)

10 1945년 주인공이 버스를 타고 방문한 마을은 어떻게 변했나요? (39~40쪽)

1 다음 글을 통해 알 수 있는 노인의 성격을 써 보세요.

> 수프를 먹고 나서 내가 담배쌈지를 내밀었으나, 노인은 담배를 피우지 않는다고 했다. 노인의 개는 주인처럼 조용했으며 살갑게 굴지는 않아도 정겨워 보였다.
>
> 본문 12쪽에서

 1-1 노인의 성격 : _____

> 노인은 도토리 하나하나를 주의 깊게 살펴보며 좋은 것과 나쁜 것을 골라내기 시작했다. 나는 파이프 담배를 피웠다. 나도 거들겠다고 했으나, 노인은 자기 일이라고 했다. (중략) 노인은 도토리를 열 개씩 나누었다. 도토리를 세면서 노인은 다시금 작은 것과 금이 간 것을 골라냈다. 아주 자세히, 정성껏 살펴보고 있었던 것이다.
>
> 본문 16쪽에서

 1-2 노인의 성격 : _____

2 다음 글을 통해 우리가 알 수 있는 사실은 무엇일까요?

> 나는 노인에게 30년 뒤면 만 그루의 참나무가 굉장하겠다고 말했다. 노인은 하느님께서 목숨을 부지하게 해 주신다면 앞으로 30년 동안 많은 나무를 심을 테니 그 만 그루는 바다의 물 한 방울과 같을 거라고 담담하게 대답했다
>
> 본문 21쪽에서

_____
_____
_____

3 ㉠과 ㉡의 글을 통해 우리가 알 수 있는 사실은 무엇일까요?

> ㉠ 이듬해 1차 세계 대전(1914년 발발)이 일어났고, 나는 5년 동안 전쟁에 나가 있었다.
>
> ㉡ 숲이 심각한 위기를 겪은 것은 1939년 2차 세계 대전 때뿐이었다. 당시에는 자동차가 목탄 가스로 움직였기 때문에 항상 나무가 모자랐다. (중략) 노인은 1차 세계 대전에 신경 쓰지 않았던 것처럼 2차 세계 대전에도 신경 쓰지 않고 평화롭게 자기 일(나무 심는 일)을 계속하고 있었다.
>
> 본문 22, 36쪽에서

4 다음 밑줄 친 부분이 무엇을 뜻하는지 설명해 보세요.

> 숲은 세 구역으로 되어 있었는데, 가장 넓은 곳은 11킬로미터나 뻗어 있었다. 이 모든 것이 아무런 기술적 도움도 없이 오직 한 사람의 손과 영혼에서 나왔다는 것을 생각하면, <u>인간이 파괴가 아닌 다른 분야에서는 하느님만큼 유능할 수 있음을 깨닫게 된다.</u>
>
> 본문 25쪽에서

1. 부피에 노인은 30년이 넘게 숲을 만들며 살았습니다. 부피에 노인처럼 살기 위해서는 어떤 마음가짐 또는 태도가 필요할까요?

2. 『나무를 심은 사람』에서 가장 마음에 드는 문장이나 장면은 무엇인가요? 그 문장이나 장면을 이유와 함께 써 보세요.

3. 인간에게 주어진 힘 가운데 최고의 힘은 어떤 힘인지 이유와 함께 생각해 보세요.

4 이 책의 주인공인 부피에 할아버지와 같은 삶을 산 사람을 찾아 이유와 함께 말해 보세요. 역사적인 위인도 좋고 주변 인물도 좋아요.

5 다음 이야기의 우공(愚公)과 『나무를 심은 사람』의 주인공 할아버지의 공통점을 근거로 자신의 포부를 써 보세요.

> "어리석은 영감이 산을 옮긴다."라는 뜻의 사자성어가 우공이산(愚公移山)입니다. 어리석어 보이는 일이라도 한 가지 일에 매진하여 끝까지 포기하지 않고 노력하면 언젠가는 소기의 목적을 달성할 수 있다는 의미로 사용합니다.

1 다음 글에 어울리는 속담은?

노인은 3년 전부터 이 적막한 곳에 나무를 심어 왔다고 했다. 이미 10만 개의 도토리를 심었고, 그 10만 개 중 2만 개가 싹이 텄다. 그 2만 개 중 절반은 들쥐나 다람쥐가 갉아먹거나 우리가 알 수 없는 신의 뜻으로 잃게 될 것이라고, 노인은 내다보고 있었다.

전쟁이 끝나고 그 황량한 지방으로 다시 길을 떠났을 때, 나는 오직 맑은 공기를 마시고 싶다는 생각뿐이었다. 나는 '지금쯤 참나무 만 그루가 꽤나 넓은 땅을 차지하고 있겠지' 하고 생각했다. (중략) 1910년에 심은 참나무는 이제 열 살이 되어, 나나 노인보다 키가 컸다. 가슴이 뭉클했다. (중략) 노인은 자신의 뜻을 실천에 옮겼고, 어깨 높이까지 자란 너도밤나무가 끝없이 펼쳐져 있는 것이 그 증거였다.

본문 19~26쪽에서

① 백짓장도 맞들면 낫다.
② 무쇠도 갈면 바늘이 된다.
③ 까마귀 날자 배 떨어진다.
④ 바늘 도둑이 소도둑 된다.
⑤ 좋은 일이 있으면 나쁜 일도 있다.

2 다음 글을 요약한 문장으로 가장 적절한 것은?

살림살이는 가지런히 정돈되어 있었다. 그릇도 깨끗이 닦여 있고, 바닥도 말끔히 청소되어 있었으며, 총에는 기름칠이 되어 있었다. 불 위에서 수프가 끓고 있었다. 나는 그제야 노인이 갓 면도를 했음을 알아차렸다. 노인의 옷은 단추가 단단히 달려 있고, 기운 자국이 보이지 않도록 세심하게 기워져 있었다.

본문 12쪽에서

① 노인은 깔끔한 사람이다.
② 노인은 용감한 사람이다.
③ 노인은 정이 많은 사람이다.
④ 노인은 인내심이 많은 사람이다.
⑤ 노인은 신념이 투철한 사람이다.

아·이·들·을·위·한·P·S·A·T·와·L·E·E·T

3 다음 글의 의미를 표현한 문장으로 적절한 것은?

> 고지의 산마루에는 네 다섯 개의 마을이 드문드문 떨어져 있었는데, 모두 마찻길이 끝나는 참나무 숲에 자리잡고 있었다. 마을 사람들은 숯을 구워 먹고살았다. 그런 곳에서는 누구나 살아가기가 힘겹다. 여름이나 겨울이나 견디기 힘든 날씨 속에서, 어떤 희망도 없이 서로 부대끼며 이기심만 더해 간다. 오직 그곳을 벗어나고 싶은 욕망에 사로잡혀 분수에 맞지 않는 욕심만 커져 갈 뿐이다.
>
> 본문 13쪽에서

① 사람은 환경의 영향을 받는다.
② 사람은 환경을 극복할 수 있다.
③ 힘든 삶을 사는 사람에게도 희망은 있다.
④ 이기심이 많은 사람에게는 욕심만 생긴다.
⑤ 환경 보호는 동물과 인간 모두에게 중요하다.

4 밑줄 친 ㉠의 근거로 적절한 것은?

> 노인은 죽지 않았다. 오히려 전보다 정정했다. 노인은 직업을 바꾸었다. ㉠ <u>양은 이제 네 마리밖에 없고,</u> 그 대신 백 개쯤 되는 벌통이 있었다. 어린나무를 해칠까 봐 양들을 치워버린 것이다. 노인은 전쟁에는 조금도 신경을 쓰지 않았다고 했다. 나도 눈으로 확인할 수 있었다. 노인은 흔들리지 않고 꾸준히 나무를 심어 왔던 것이다.
>
>  본문 24쪽에서

① 노인은 전보다 정정했다.
② 노인은 직업을 바꾸었다.
③ 양들이 어린나무를 해칠 수 있다.
④ 노인은 전쟁에는 조금도 신경을 쓰지 않았다
⑤ 노인은 흔들리지 않고 꾸준히 나무를 심어 왔던 것이다.

길모퉁이 행운돼지

김종렬 글 | 김숙경 그림 | 다림

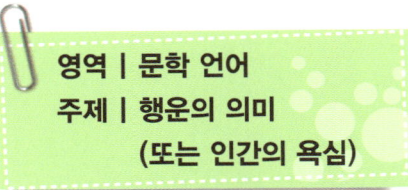
영역 | 문학 언어
주제 | 행운의 의미
(또는 인간의 욕심)

목표

1. 노력 없이 얻은 행운은 반드시 이유가 있음을 알 수 있다.
2. 자신이 갖고 싶은 것을 가진 사람은 노력하는 사람이라는 것을 알 수 있다.
3. 사람의 끝없는 욕심은 결국 자신을 망친다는 것을 알 수 있다.

줄거리

어느 날 주인공 '나'가 살고 있는 진달래 시 길모퉁이에 행운돼지라는 가게가 문을 연다. 이 가게는 돈 한 푼 내지 않고 자신이 원하는 것을 얻을 수 있는 신기한 물건을 판매하는 곳이다. 하지만 이 물건을 사용한 사람들은 원하는 것을 얻는 대신 점점 돼지로 변하게 되는데 주인공 부모님도 결국 돼지로 변하고 만다. 과연 나는 부모님을 원래의 상태인 사람으로 되돌아오게 할 수 있을까?

도서 선정 이유

사람들은 행운이 오기를 간절히 바란다. 행운을 얻은 사람을 부러워하기도 하고 행운이 찾아오지 않는다고 불평하기도 한다. 그러나 아무런 노력 없이 요행을 바라며 행운을 좇아가는 사람들이 더 불행해질 수 있다. 행운보다는 땀과 노력으로 얻는 열매가 훨씬 값지고 빛이 난다.

1 다음 물음에 알맞은 단어를 보기에서 찾아 써 보세요.

보기

호응 불행 행복 불운 신제품 시끄럽다
난장판 사치품 궁금증 오지랖 매끄럽다 방관하다

① '행운'의 반대말은? ………………………………………… (   )

② '골동품'의 반대말은? ……………………………………… (   )

③ '껄끄럽다'의 반대말은? …………………………………… (   )

④ '맞장구'와 비슷한 말은? …………………………………… (   )

⑤ '호기심'과 비슷한 말은? …………………………………… (   )

⑥ '아수라장'과 비슷한 말은? ………………………………… (   )

⑦ '본체만체하다'와 비슷한 말은? …………………………… (   )

2 다음 뜻풀이에 알맞은 단어를 보기에서 찾아 써 보세요.

보기

특종 책임 임무 제보 정보 들창코 유괴하다 비상사태 매부리코

① 맡은 일 ……………………………………………………… (   )

② 어떤 정보를 제공함. ……………………………………… (   )

③ 사람을 속여 꾀어내다. …………………………………… (   )

④ 코끝이 위로 들려서 콧구멍이 드러나 보이는 코 ……… (   )

⑤ 사물이나 특정 상황에 대한 새로운 소식이나 자료 …… (   )

⑥ 갑작스럽게 좋지 않은 일이나 어려운 일이 발생한 사태. …… (   )

⑦ 신문이나 잡지에서 다른 언론사보다 먼저 보도하는 중요한 기사. …… (   )

1 행운돼지 가게가 생길 때 짙은 안개가 사라지고 나자 길모퉁이 앞에 무엇이 서 있었나요? (10쪽)

2 행운돼지 가게가 문을 여는 날 하루에 가게에 들어 갈 수 있는 사람은 몇 명인가요? (18쪽)

3 행운돼지 가게에서 물건을 가져온 사람들과 그 물건은 어떤 신비한 능력이 있었는지 다음 표를 완성해 봅시다. (25~31쪽, 35쪽)

사람	하는 일 또는 사는 곳	가게에서 가져온 물건
고래고래 아저씨	( )	다리미로 한 번 주름을 펴면 영원히 구김이 안 감
다잡아	경찰	누가 범인인지 알아볼 수 있는 신비한 ( )
( )	아름다워 미용실	머리를 예쁘게 깎는 가위
야물차 아줌마	맛있어 식당	최고급 요리를 만들어 주는 ( )
( )	진달래 책방	책을 펼칠 때마다 새로운 이야기가 나오는 책
멍청해	아파트 8동	걸어도 걸어도 닳지 않는 ( )

4 엄마가 가게에서 가져온 물건은 무엇으로 만든 것 같고 누가 명령해서 만든 물건이었나요? (53쪽)

무엇으로 만든 것 같은가?

누가 명령했는가?

5 엄마가 항아리를 가져온 다음날부터 마을에 무엇이 늘어나기 시작했나요? (59~60쪽)

6 거리에서 돼지로 변한 사람들이 걸어가는 가는 것을 볼 수 있었던 사람은 주인공의 친구 누구였나요? (62~63쪽)

7 행운돼지의 가게 문을 열 수 있는 방법은 무엇인가요? (76~77쪽, 94~95쪽)

8 돼지로 변한 사람들을 다시 사람으로 되돌릴 수 있는 방법은 무엇인가요? (112~113쪽)

9 주인공 '나'가 신비한 항아리를 깨트리기 위해 놓아 둔 장소는 어디인가요? (118쪽)

🔍 다음은 진달래 시민들만 행운을 갖는 것에 대한 개나리 시와 해바라기 시에서 온 사람들의 주장입니다. (1~2)

> <u>이건 너무 불공평해!</u> 지금까지 진달래 시민들이 행운돼지에 들어갔으니까, 이제부터는 다른 시의 사람들에게 양보해야 해!
> 맞아! 이제 우리도 행운을 나눠 가져야 해! 진달래 시민들만 운이 좋으라는 법이 있어? 이거야말로 불법이야!
>
> 📄 본문 49쪽에서

1 밑줄 친 말의 의미는 무엇일까요?

2 위 사람들의 주장에 대해 여러분의 생각은 어떠한지 적어 보세요.

동의한다.

이유는?

동의하지 않는다.

이유는?

책·을·깊·게·읽·는·아·이·들

 물음에 답해 봅시다. (3~4)

> "나는 행운 같은 거 바라지 않아요. 사람들이 모두 돼지처럼 변했어요. 엄마 아빠도 돼지가 되었어요!"
> "그건 제 잘못이 아니랍니다. 스스로 원해서 돼지가 되었지요."
> "아니에요. 행운돼지가 나타나지 않았다면 아무 일도 없었을 거예요. 모두 행운돼지 탓이에요!"
> 나는 울먹이며 소리를 질렀다. 사람들을 돼지로 만든 행운돼지가 몹시 미웠다.
> "제가 오기를 간절히 바란 건 사람들입니다. 마음속에서 자라는 욕심이 저를 불렀지요. 저는 단지, 원하는 사람들에게 행운을 나눠 드렸을 뿐이랍니다."
> 행운돼지는 여전히 미소 짓고 있었다.
>
> 본문 111쪽에서

3 진달래 시로 행운돼지를 부른 것은 무엇일까요?

4 사람들이 모두 돼지처럼 변한 것은 행운돼지의 책임인지 아닌지 여러분의 생각을 이야기해 보세요.

1 주인공 '나'는 드디어 돼지로 변한 엄마 아빠가 원래의 사람 모습으로 되돌릴 수 있는 방법을 알게 되었습니다. 그 방법으로 과연 엄마 아빠의 본래 모습을 찾을 수 있을까요? 책 뒷이야기로 이어질 내용을 상상하여 여러분이 완성해 보세요.

나도 작가

……엄마와 아빠는 아직도 신기한 항아리가 소중한 모양이다.

돼지가 돼 버렸지만 차마 항아리를 깨고 싶지 않은지 의자를 슬그머니 피해 음식 그릇으로 다가왔다. 언제쯤, 엄마와 아빠가 다시 사람으로 돌아올 수 있을까? 지금 내가 할 수 있는 일은 기다리는 것뿐이다. 내게도 어서 행운이 찾아오기를……

책·을·내·것·으·로·만·드·는·아·이·들

2 여러분이 만약 어떤 행운을 선택할 수 있다면 그것은 무엇이고, 그것을 갖는다면 어떤 경고의 메시지를 붙여 볼지 그림이나 글로 자유롭게 표현해 봅시다.

선택한 행운

경고의 메시지

길모퉁이 행운돼지 | 21

1 방송국 기자의 질문에 대답하는 아저씨의 마음이라고 할 수 <u>없는</u> 것은?

> 마이크를 든 여기자가 돗자리를 깔고 차례를 기다리던 사람들 사이를 누비며 계속 이것저것 묻고 있었다. 카메라를 들이밀자, 사람들은 모두 껄끄러운 표정이었다.
> "진달래 방송국의 꼬치꼬치 기자입니다. 행운돼지에 들어가기 위해 일주일을 기다리셨다는데 사실인가요?"
> 꼬치꼬치 기자가 불쑥 마이크를 들이밀자 몹시 피곤한 얼굴로 앉아 있던 아저씨가 못마땅하다는 듯이 쏘아붙였다.
> "그런 걸 알아서 뭐 해. 이게 방송되면 다른 마을 사람들도 구름같이 몰려들 텐데. 그러면 좋을 게 뭐야? 당신들 맘대로 카메라로 찍지 마쇼!" 본문 41쪽에서
> 도로를 점령하고 서 있던 사람들이 한꺼번에 우르르 행운돼지로 몰려들었다. 나는 하마터면 사람들에 밀려 넘어질 뻔했다. 경찰들과 사람들이 밀물과 썰물처럼 밀고 밀리기를 반복했다. 여기저기에서 아이들 울음소리가 터져 나왔고, 아이의 이름을 부르는 아줌마의 고함도 들려왔다. 본문 50~51쪽에서

① 내 얼굴이 방송에 나가는 거 싫어!
② 행운돼지 가게에 대해 많은 사람이 알면 안 돼!
③ 한꺼번에 많은 사람이 몰려서 사고 나면 큰일이야!
④ 다른 사람이 몰려들면 내가 행운돼지 가게에 못 들어갈 수도 있어!
⑤ 행운돼지 가게가 알려지면 더 많은 사람이 오게 되어 우리 시가 부자가 될 거야!

2 다음 글을 근거로 한다면 행운을 잡지 못한 사람은?

> 행운보다 값지고 빛나는 것은 여러분의 노력으로 맺은 열매일 거예요. 여러분이 아직도 행운의 상자 앞에서 망설이고 있다면 이렇게 해 보세요. 자기가 바라는 신기한 물건을 상상하며 행운의 상자를 마음속에 담아 가세요. 그러면 언젠가, 바라던 행운이 정말로 찾아올지도 몰라요. 행운이 찾아오지 않는다고 해도 간절히 바라는 만큼 땀을 흘린다면 행운보다 더 값진 걸 얻게 될 거랍니다.
>
> 서문 6쪽에서

① 나는 한 달에 한번 스케이트화를 갈아 신을 때마다 극심한 고통에 시달려야 했어. 부상 때문에 힘들긴 했지만 많은 것을 배울 수 있었단다. 그리고 마침내 12년의 기다림 끝에 뱅쿠버 동계 올림픽 금메달을 목에 걸 수 있었지.

② 부산에 사는 나는 돌아가신 아버님이 꿈에 나타나 큰 구슬을 안겨 주는 꿈을 꾸었어. 그 후 로또 예상 사이트를 통해 부여받은 번호로 로또 1등에 당첨되었단다. 돌아가신 아버님을 생각하며 당첨금 중 상당 부분을 노인 복지시설에 기부했어.

③ 나의 성공 요인은 끊임없는 노력이야. 말보다 노력하는 자세가 중요해. 적을 파악하고 자신을 잘 알기 위해서는 공부를 게을리하면 안 돼. 자기만의 파일을 가지는 것은 성공에 그만큼 빨리 갈 수 있는 지름길이 된단다. 경기 후 비디오와 자기만의 노트를 정리하면서 노력한 결과 유럽 맨유의 축구 선수가 되었단다.

④ 나는 7년 동안 새벽 3시부터 6시까지는 백신 프로그램을 개발하고 나머지 시간은 의대생으로 살았어. 백신을 무료로 보급한 이유는 내가 사회에서 받은 일부라도 돌려줄 수 있다고 생각했기 때문이야. 또한 어려운 시기를 뚫기 위해서는 차가운 머리, 뜨거운 가슴이 필요한데 그것이 바로 믿음과 열정이야.

⑤ 대전에서 태어난 나는 아버지의 권유로 골프를 시작했어. 초등학생 시절에도 훈련장에서 새벽 2시까지 혼자 남아 훈련을 하는 등 스스로 최고가 되기 위해 쉬는 날도 없이 엄격한 훈련을 받았단다. 2007년에 LPGA 명예의 전당에 입회했고 현재는 수입이 천만 달러를 돌파했어.

지켜라! 멸종 위기의 동식물

백은영 글 | 허라미 그림 | 뭉치

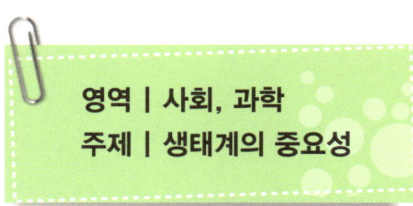

1. 생태계에서 종(種) 역할의 중요성을 알 수 있다.
2. 생명체는 모두 소중하다는 사실을 알 수 있다.
3. 책을 통해 알게 된 내용을 표현하고 글로 쓸 수 있다.

줄거리

보통 자연에서 동물이나 식물 1종이 사라지는 데 4년이 걸린다고 한다. 그런데 요즘은 하루에 1종꼴로 멸종되고 있다. 이렇게 급속하게 동식물이 사라져 가는 현상을 '대멸종'이라고 부른다. 이 책은 인간의 무분별한 행동 때문에 사라질 위험에 처한 동식물에 관한 이야기를 다루고 있다. '하늘나라 눈물샘 마을'에서 왈왈 탐정 앞으로 도도의 편지가 도착한다. 그 편지에는 멸종 동물들의 억울한 사연들이 구구절절 씌어 있었다. 편지를 읽은 왈왈 탐정과 어흠 박사는 멸종되어 가는 동식물을 구하기 위해 힘을 합치기로 한다. 왜 동식물이 멸종 위기에 처했는지, 왜 종(種)이 중요한지, 또한 멸종을 막을 방법은 없는지 조사를 시작한다.

도서 선정 이유

5월 22일은 UN에서 정한 '생물 다양성의 날'이다. 생물 다양성이란 육상과 해상 그리고 그 밖의 수중 생태계와 이들 생태계를 포함하는 복합 생태계 등 모든 분야의 생물체를 말한다. 생물 다양성이 보존되어야 풍부한 생태계를 만들어 갈 수 있다. 그래서 생물 다양성이 중요하다. 현재 지구 온난화, 환경 오염 등으로 지구 생태계 파괴가 심각하다. 『지켜라! 멸종 위기 동식물』이야기를 읽다 보면 동식물들이 하나씩 사라진다면 인간에게도 문제가 심각해진다는 것을 알 수 있다. 이 책을 통해 사람도 동물의 하나이며 다른 동식물들과 같이 상호 작용하며 살아가는 생명체라는 것을 느낄 수 있다.

1 다음 그림에서 '멸종(滅種)' 동물에는 동그라미(○), 멸종 위기 동식물에는 (△)를 해 보세요. (16쪽~19쪽, 25쪽~28쪽)

2 단어의 설명에 맞는 것을 보기에서 찾아 써 보세요.

보기	서식지 생태계 부빙 불청객 방생 갯벌 습지 천적 자생지	
1	동물을 잡았다가 다시 놓아주는 일	
2	일정한 환경 안에 사는 생물들의 삶과 개체수를 조절하는 전체의 체계	
3	생물이 자리를 잡고 사는 곳	
4	습기가 많아 축축한 땅	
5	식물이 저절로 나서 자라는 땅	
6	물 위를 떠다니는 얼음덩어리	
7	생물의 분류 단계 중 가장 낮은 단계	

책을 다시 읽는 아이들

1 지구에는 지금까지 다섯 차례의 대멸종이 있었고, 앞으로 여섯 번째 대멸종이 올 수가 있다고 합니다. 다음 보기에서 다섯 차례 대멸종의 원인과 앞으로 다가올 수 있는 여섯째 대멸종의 원인을 찾아 써 보세요. (14쪽, 38쪽, 43~44쪽)

> 시베리아 화산 폭발, 서식지 파괴, 지구 온난화, 운석과 지구의 충돌, 외래종 전파

다섯 차례 대멸종 원인 _____

여섯 번째 대멸종의 원인 _____

2 이 책은 야생 생물을 멸종 위험성 정도에 따라 등급을 매겨 정리한 보고서라고 합니다. 이 책의 이름은 무엇인가요? (22쪽)

3 왈왈 탐정이 동식물들의 하소연을 듣고 찾은 멸종 위기의 원인은 무엇인가요? (29쪽)

4 아마존의 개발로 매해 250만 톤의 흙이 강으로 흘러들고 있다고 합니다. 이렇게 어마어마한 양의 흙이 쏟아져 들어간 바다에는 어떤 문제점이 있나요? (40~41쪽)

5 다음은 사람들의 잘못된 행동과 관계있습니다. 사람들이 이런 행동을 하는 공통점은 무엇인가요? (54쪽)

> 곰의 쓸개   호랑이 뼈   코뿔소 뿔   상어지느러미

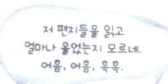

6 우리나라 생태계를 파괴하는 외래종 가운데 황소개구리가 있습니다. 처음에 우리나라에 황소개구리를 들여온 목적은 무엇인가요? (61쪽)

---

7 우리나라에도 멸종 위기 동식물이 많습니다. 관련 있는 동식물들의 이름을 보기에서 찾아 써 보세요. (66~67쪽)

| 보기 | 산양 | 반달가슴곰 | 세뿔투구꽃 | 꼬치동자개 |

내 뿔은 송곳 모양으로 나이를 먹을 때마다 고리 모양으로 변해. 나는 워낙 험한 바위산에 살기 때문에 지금까지 살아남았어. 인간 때문에 위기에 처할 줄은 정말 몰랐어. ( )	대한민국 사람들은 우리를 참 사랑해요. 우리를 귀하게 여길 만해요. 우리가 있어 지리산 생태계가 잘 돌아가죠. 하지만 문제는 바로 사람들! 그 험한 데까지 대체 왜 오는 거죠? ( )
나는 1940년까지는 도시에서 쉽게 잡을 수 있었어요. 하지만 산업화, 도시화로 인한 환경오염 때문에 살 곳이 사라졌어요. 나랑 친구들은 어느새 멸종 위기 1등급이 되어버렸고요. ( )	내가 아무리 말해도 꼭 숨어서 마구 헤집고 다니다가 우리 같은 멸종 위기 식물들을 다 밟거나 뽑는 사람들이 있어. 게다가 무식하게 뿌리째 뽑아 간다고! 진짜 진짜···. ( )

8 다음은 설명에 맞는 단어를 찾아 줄을 그어 보세요. (68~67쪽, 88쪽)

① 지표종　●　　●　ⓐ 멸종할 경우 생태계에 큰 영향을 주는 동물. 비버, 숲멧토끼, 코끼리 등

② 핵심종　●　　●　ⓑ 특정한 환경 조건을 나타내는 생물. 카나리아, 옆새우, 플라나리아 등

③ 깃대종　●　　●　ⓒ 어느 지역의 대표가 되는 동식물의 종류. 시베리아 호랑이, 판다, 두루미 등

9 우리나라는 개발 열풍이 계속 불고 있어요. 그럼에도 불구하고 살아남은 최고의 서식지가 있습니다. 그곳은 어디인가요? (72쪽)

1 어흠 박사는 다음과 같이 말했습니다. 어흠 박사의 이야기를 듣고 물음에 답해 보세요.

> ㉠ 인도네시아 부근의 바다에는 쓰레기가 함부로 버려져 갯벌과 습지가 사라지고 있지. 인간들의 무분별한 개발로 점점 사라지고 있지. 갯벌과 습지야말로 수많은 생물들이 살아가는 터전인데도 말이야. 이렇듯 생태계는 모두 모두 하나로 연결되어 있기 때문에 한 곳에서 문제가 생기면 다른 곳으로 빠르게 영향을 줄 수 있지.
>
> 북극과 남극은 사람들이 직접적으로 파괴하지는 않았어. 대신 '지구 온난화'의 영향으로 ㉡ 빙하가 녹아내리고, 그 영향으로 그곳에 사는 생물들이 피해를 입고 있지. 빙하가 녹는 속도가 점점 빨라지고 있지만 지구 온난화의 주범인 석유 공장의 뜨거운 불길은 멈출 생각을 않고 있네. 본문 43쪽에서

(1) 밑줄 친 ㉠은 지구의 어떤 영향을 줄 수 있을까요?

(2) 밑줄 친 ㉡의 원인과 결과는 무엇일까요?

2 다음 글을 근거로 생태계에서 천적이 중요한 역할을 하는 이유가 무엇일지 말해 보세요.

> 외래종의 대부분은 결국 적응하지 못하고 죽는 경우가 많았어. 살아남는 녀석은 고작 10%밖에 되지 않았지. 하지만 살아남았다고 해서 잘 적응했다고 볼 수 없어. 그 가운데 새끼를 낳아 가족을 이루는 경우는 기껏 1% 내외일 뿐이거든. 막 이사 왔을 때에는 자기들을 위협하는 천적이나 병에 걸리게 할 박테리아가 없었기 때문에 녀석들은 아주 빠르게 늘 수 있었어. 그렇다 보니 재래종을 잡아먹고 괴롭히는 경우가 많아졌고 생태계는 자연히 엉망진창이 되어 버렸지. 본문 46~47쪽에서

3 비무장 지대(DMZ)가 자연의 회복력을 그대로 보여 주는 땅이라고 말하는 이유는 무엇일까요?

> 지금 그곳에는 멸종 위기종인 금강초롱을 비롯해 1,000종 이상의 식물이 자라고 있어. 뿐만 아니라 천연기념물인 하늘다람쥐, 산양, 고라니, 수달, 청설모, 족제비, 살쾡이 등 흔히 볼 수 없는 동물들이 많아. 남한에서도 볼 수 없는 딱따구리가 나무를 쪼는 소리도 심심찮게 들려와. 과학자들은 이 지역에만 무려 2,800종의 동식물이 있을 것으로 생각해. 그야말로 '한반도의 생태 천국'인 셈이지.
> 본문 73~74쪽에서

4 환경부는 멸종 위기 야생 동식물을 1급과 2급으로 나누어 관리해요. 다음 표는 환경부에서 한반도 멸종 위기 생물들의 보호 관리 결과입니다. 멸종 위기종을 관리하는 가장 큰 이유는 무엇일까요? (80~83쪽)

① 따오기 (2급 : 복원결과 400마리까지 늘어남. 2020년 40마리 자연으로 방생)
② 검은 독수리 (1급 : 현재 모두 7마리 발견되었다.)
③ 호랑이 (1급 : 함경도와 북도 서식 우리나라 맹수 중 가장 큰 종)
④ 여우, 늑대 (1급 : 남한 쪽에서는 거의 볼 수 없음)
⑤ 금자란 (1급 : 소나무에 붙어산다. 제주도에서 볼 수 있다.) 등등

1 왈왈 탐정은 '멸종을 부르는 것의 모든 원인은 사람들'에게 있다고 합니다. 다음 사람들의 행동을 보고 문제점을 비판해 보세요. (52~59쪽)

- 첫째: 멸종 위기 동물을 잡아서 먹거나 장신구로 쓰는 사람이 있다.
- 둘째: 사람들은 동물들을 함부로 잡아서 약으로 만들어 팔고 있다.
- 셋째: 기술이 발전하여 물고기를 잡는 것도 편리해졌다.

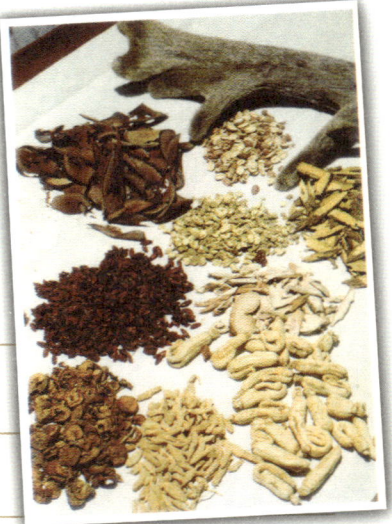

2 다음 글의 밑줄 친 문장에 대해 여러분의 의견을 이야기해 보세요.

> 우리나라는 1970년대 황소개구리 200마리를 들여왔다. 하지만 생각보다 잘 팔리지 않자 사람들은 황소개구리를 금호 저수지에 놓아 주기 시작했다. 그곳에는 황소개구리의 천적이 없어서 저수지는 순식간에 그들로 가득 찼다. 또한 황소개구리는 물고기뿐만 아니라 물고기를 먹으려오는 새도 잡아먹을 정도여서 그 피해가 심각했다. <u>당시 우리나라에서는 황소개구리를 적극적으로 찾아내어 모조리 없애 버리자는 주장과 인간이 아닌 자연이 해결할 수 있도록 지켜보자는 의견이 모두 있었다.</u> 본문 61쪽에서

책·을·내·것·으·로·만·드·는·아·이·들

3 만약 남북한이 통일된다면 비무장 지대(DMZ)의 가치는 높아진다고 합니다. 그곳에는 천연기념물과 소중한 자원이 풍부해서 학문적으로도 중요하기 때문이래요. 이러한 이유로 외국인들에게 많은 관심을 받겠지요. 그렇다면 통일 후 비무장 지대(DMZ)를 관광지로 개발하는 것이 옳을까요? 그냥 두는 것이 옳을까요? 아니면 다른 방법이 있을까요? (78~79쪽)

> **논쟁** 통일 후 비무장 지대(DMZ)를 관광지로 개발하는 것이 옳다. (　　) 옳지 않다. (　　)
>
> **주장[근거]**

4 만약 여러분이 멸종 위기의 동물 중의 하나라면 사람들에게 무슨 말을 하고 싶을까요? 억울함, 경고장, 바라는 점 등을 써 보세요.

5 이 책을 읽고 지금 당장 우리가 해야 할 일은 무엇이라고 생각했나요?

지켜라! 멸종 위기의 동식물 | 31

1 다음 밑줄 친 ㉠의 사례로서 적절하지 <u>않은</u> 것은?

> 인간이 사람답게 살 권리를 가진다면 함께 살아가는 동물 역시 마찬가지다. 다행히 요즘 ㉠ <u>동물원의 역할</u>은 점점 넓어져 멸종 위기 동물을 보호할 수 있는 장소를 마련하고, 안전한 새끼를 낳아 키울 수 있도록 보살핀다. 뿐만 아니라 다시 자연으로 돌려보내기 위한 연구소도 함께 운영하고 있다. 동물들에게 단순히 먹이를 주고 잠잘 곳을 마련해 주는 것에 그치지 않고, 야생 본능을 제대로 펼칠 수 있게 도와주는 동물원이야말로 최고의 동물원이 아닐까?
>
> 본문 31쪽에서

① 멸종 위기 동물을 보호할 수 있는 장소
② 야생 본능을 제대로 펼칠 수 있게 도와주는 곳
③ 먹이를 주고 잠잘 곳을 마련해 주는 것이 최고인 곳
④ 자연으로 돌려보내기 위한 연구소를 함께 운영하는 것
⑤ 동물들이 안전하게 새끼를 낳아 키울 수 있도록 보살펴 주는 곳

2 다음 글의 요약으로 가장 적절한 것은?

> 지표종은 그 지역의 환경이 얼마나 깨끗한지 측정할 수 있는 종을 말한다네. 예를 들어 오래전 탄광에서 일하는 광부들은 카나리아를 이용해 몸에 해로운 유독 가스를 측정했어. 공기가 좋은 곳에 살던 카나리아는 산소가 부족해지면 숨을 쉬기 힘들어 노래를 멈추었지. 그래서 광부들은 카나리아가 노래를 부르는 동안 안심하고 일을 할 수 있었어. 마찬가지로 민물고기, 옆새우, 플라나리아, 곤충의 애벌레 등을 살펴보면 오염 정도를 쉽게 측정할 수 있다네.
>
> 본문 70쪽에서

① 지표종의 종류
② 카나리아의 역할
③ 광부와 카나리아
④ 지표종의 개념과 역할
⑤ 공기 좋은 곳에서만 사는 카나리아

3 다음 글이 전달하고자 하는 내용으로 가장 알맞은 것은?

> 아프리카에 사는 코끼리는 핵심종이야. 코끼리는 하루에 엄청나게 많은 목초를 먹어 치워. 그리고 또 어마어마한 똥을 누지. 당연하고 단순해 보이지만 그 행동 덕분에 생물들이 살아갈 수 있어. 일단 코끼리가 먹어 치운 곳에는 새로운 풀이 돋아나. 작고 연한 새싹들은 다른 초식 동물들에게는 진수성찬이지. 초식동물들이 배를 불리고 나면 자연스레 육식 동물이 나타나 사냥을 한단다. 뿐만 아니라 코끼리가 눈 똥은 곤충들의 차지가 돼. 곤충들은 코끼리 똥을 먹은 후 열심히 땅을 헤집고 돌아다녀. 그 덕분에 땅에는 공기층이 생겨나고, 풀이 자라기 쉽게 변하지. 결국 코끼리가 풀을 먹고 똥을 누기 때문에 아프리카의 생태계가 지켜지는 거란다.
>
> 본문 91쪽에서

① 코끼리는 푸른 초원이 있어야 살아가는 동물이다.
② 코끼리의 똥은 아프리카의 생태계에 매우 중요하다.
③ 코끼리의 똥은 아프리카의 동물들에게 매우 중요하다.
④ 코끼리 덕분에 초식 동물들의 생태계가 유지될 수 있다.
⑤ 코끼리 덕분에 육식 동물들의 생태계가 유지될 수 있다.

4 다음 글의 주제로 알맞은 것은?

> "깃대종에는 시베리아 호랑이, 판다, 코알라, 두루미처럼 전 세계적으로 유명한 종이 있는가 하면, 우리나라 사람들만 아는 그런 종도 있다네. 또 천연기념물인 종도 있고, 아닌 종도 있지. 멸종 위기에 처한 동식물을 보호하는 가장 좋은 방법은 그들이 사는 생태계를 온전하게 보존하는 거라네. 깃대종은 그 지역을 대표하는 생물이기 때문에 깃대종이 잘 보존된다면 생태계가 무사하다는 증거라고 볼 수 있지."
>
> 본문 68쪽에서

① 깃대종의 종류
② 생태계의 중요성
③ 깃대종 보존의 중요성
④ 멸종 위기에 처한 동물
⑤ 세계적으로 유명한 깃대종

서찰을 전하는 아이

한윤섭 글 | 백대승 그림 | 전국초등사회교과모임 감수
푸른숲주니어

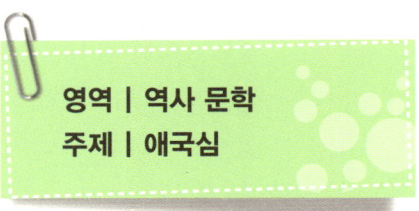

영역 | 역사 문학
주제 | 애국심

 목표

1. 조선 후기의 사회 모습과 동학 혁명(동학 농민 운동)을 알 수 있다.
2. 세상을 구할 중요한 서찰을 전달하기 위해 헌신하는 주인공에 대한 자신의 생각을 말할 수 있다.
3. 주인공이 서찰을 전달하기 위해 여러 어려움을 극복해 나가는 과정을 통해 문제 해결 능력을 기를 수 있다.

줄거리

어머니에 이어 아버지마저 잃은 주인공은 아버지가 남긴 비밀스러운 10개의 한자(漢字)로 쓴 서찰을 전달하기로 결심한다. 주인공은 사람들에게 두 글자씩 물어보며 서찰의 내용을 알아간다. 그렇게 해서 동학 농민 운동에 청나라와 일본이 개입했음을 알고도 전쟁의 한복판으로 들어간다. 다른 사람들에게 노래를 불러 주고 돈을 받아 배고픔을 해결해 나가던 주인공은 노스님의 서찰을 녹두 장군에게 전하지만…….

도서 선정 이유

동학 혁명은 조선 사회의 근대적 변화와 개혁을 촉발한 중요한 사건으로 그 역사적 의미가 매우 깊다. 하지만 초등학교에서 배우는 한국사는 그 한계로 인해, 자세히 공부할 기회가 거의 없다. 『서찰을 전하는 아이』는 다소 어려운 역사적 사건을 또래 소년의 이야기로 흥미롭게 풀어낸 역사 동화이다. 비밀 서찰을 전하기 위해 길을 떠난 주인공의 여정과 함께하면서 당시 조선 사회의 문화와 역사의 움직임을 흥미롭게 접할 수 있다.

1 다음 보기에서 알맞은 낱말을 찾아 써 보세요.

보기: 보부상, 신출귀몰, 밀고, 제보, 야박하다, 군수, 봉기, 의기양양

① 야멸차고 인정이 없다. ………………………………………… (   )

② 남몰래 넌지시 일러바침. ……………………………………… (   )

③ 벌떼처럼 떼 지어 세차게 일어남. ……………………………… (   )

④ 조선 시대의 지방 행정 단위인 '군'의 으뜸 벼슬. …………… (   )

⑤ 뜻한 바를 이루어 만족한 마음이 얼굴에 나타난 모양. ……… (   )

⑥ 귀신같이 나타났다가 사라진다는 뜻으로, 자유자재로 나타나고 사라짐을 비유적으로 이르는 말.
………………………………………………………………………… (   )

⑦ 봇짐장수와 등짐장수를 아울러 이르던 말. …………………… (   )

2 동화로 역사 읽기 [○, ×로 역사 지식을 정리해 봐요.]

① 조선은 신분제 사회로, 양반과 상민의 차별이 심했다. ……………… (   )

② 조선 후기에 이르러 조선의 백성들은 풍요로웠다. ………………… (   )

③ '동학(東學)'은 모든 사람은 이미 하늘의 뜻을 닮았으니, 자기 마음에 깃들어 있는 하늘의 뜻을 따라야 한다는 '보국안민(輔國安民)'을 주장했다. ……………… (   )

④ 동학 농민군은 강한 무기를 갖춘 일본군과 관군에 맞서 용감하게 싸웠다. ‥ (   )

⑤ 1894년 11월 8일, 지금의 충청남도 공주시에 있는 우금치 고개에서 1만여 명의 동학 농민군은 대승을 거두었다. ………………………………… (   )

⑥ 동학 농민군들은 결국 항복하였고, 전봉준도 항복하였다. ………… (   )

책을 다시 읽는 아이들

1 주인공의 아버지가 갑작스럽게 죽음을 맞이하자 다른 보부상들이 주인공에게 함께 가자고 제안했습니다. 그럼에도 주인공이 혼자 전라도로 향한 이유는 무엇인가요? (29~32쪽)

2 노스님이 전해 준 서찰의 내용을 모르는 주인공은 왜 다른 사람들에게 그 내용을 물어보지 않았나요? (39~40쪽)

3 한자를 모르는 주인공은 어떻게 서찰 안에 씌어진 한문 열 자를 알게 되었나요? (40쪽)

4 다른 사람들과 달리 주인공은 어떤 능력을 가지고 있었나요? (15쪽, 82쪽)

5 약방 주인이 "아이야, 그런데 한자 석 자를 아는데, 한 냥을 내는 이유가 무엇이냐? 값을 그렇게 매긴 이유가 무엇이냐?"라고 말하자 주인공은 뭐라고 말했나요? (65쪽)

책·을·다·시·읽·는·아·이·들

6 돈이 떨어져가는 주인공은 어떤 방법으로 남은 두 자를 알았으며, 어떻게 생활비를 벌었나요? (65~66쪽)

7 서찰에 담긴 열 개의 한자의 내용과 의미는 무엇이었나요? (80쪽, 105쪽)

8 녹두 장군은 누구이고, 어떤 사람인가요? (101쪽)

9 주인공의 당부에도 불구하고 녹두 장군이 피노리에 온 까닭은 무엇인가요? (155쪽)

10 주인공은 피투성이가 된 녹두 장군에게 어떤 노래를 불러 주었고, 그 노래를 들은 녹두 장군은 무슨 말을 했나요? (158쪽)

1 주인공은 왜 양반이 자신에게 한문을 가르쳐 주지 않을 것이라 생각했을까요? 다음 글을 근거로 당시 조선 사회 양반들의 모습을 짐작해 보세요.

> 노인을 통해 서찰의 내용을 알 수 있을 거란 생각이 들었다. 저런 차림의 노인들 중에 양반이 아니면서 한문깨나 아는 노인들을 여러 번 본 적이 있었다. 나는 노인이 양반이 아니기를 바랐다. 노인이 나와 같은 처지면 한문 몇 자 어렵지 않게 가르쳐 줄 수 있겠지만, 만약 양반이라면 나 같은 봇짐장수의 아이가 감히 한문을 알려 한다고 화를 낼 수도 있었다.
>
> 본문 39쪽에서

 양반이 한문을 가르쳐 주지 않을 것이라고 생각하는 이유

 당시 조선 사회 양반들의 모습

2 주인공과 천주학을 믿는 어른의 대화에서, 국가는 왜 천주학을 위험한 학문이라고 생각했고, 어떤 이유로 천주학을 박해했을지 생각해 보세요.

> "천주학을 믿으면 무엇이 좋은가요? 천주학은 무엇인가요?"
> "천주학은 천주님을 믿는 것이다. 그분이 이 세상에 있는 모든 것을 만드셨다. 너와 나까지도. 그분은 우리 모두를 사랑하신다. 그리고 그분 아래에 있는 사람들은 모두 평등하다."
> -중략-
> "정말 천주학에서는 양반과 천민 구분 없이 모두 평등한가요?"
> "그래 모두 천주님이 만든 사람들이다. 그러니 모두 평등하다"
>
> 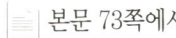 본문 73쪽에서

 천주학을 위험한 학문이라고 생각한 이유

 천주학을 박해한 이유

책·을·깊·게·읽·는·아·이·들

3 다음의 발췌문을 읽고 알 수 있는 사실은 무엇인가요?

> 어떤 사람들은 동학 농민군이 옳은 일을 하는 거라며, 세상이 동학도들이 말하는 것처럼 바뀌어야 된다고 말했다. 또 다른 사람들은 괜히 난을 일으켜 아까운 목숨만 잃는 거라고 말했다. 그러나 누구도 임금과 관군이 옳다고 말하지는 않았다.
>
> 본문 98쪽에서

4 동학 농민군을 찾아 강을 건너가려는 주인공에게 사공은 강을 건너서 네가 해야 할 일이 무엇이냐고 묻습니다. 이에 주인공은 '한 사람을 살리고, 어쩌면 세상을 살리는 일'이라는 답을 합니다. 이 말의 의미는 무엇일까요?

5 아래는 녹두장군 전봉준의 죽음을 슬퍼하며 백성들이 부른 노래입니다. 여기서 '파랑새'와 '녹두' 그리고 '청포 장수'는 무엇을 의미할까요? 관련 있는 것들을 연결해 보세요.

새야 새야 파랑새야
녹두밭에 앉지 마라.
녹두꽃이 떨어지면
청포 장수 울고 간다.

① 파랑새 •   • 전봉준

② 녹두 •   • 백성

③ 청포 장수 •   • 일본군

1 전쟁을 하기 위해 군사들이 공주로 가는 모습을 보면서도 주인공은 자신이 가야 할 곳은 공주라며 강한 의지를 보입니다. 여러분이 주인공이라면 어떤 선택을 했을까요?

> "거기는 지금 갈 수가 없단다. 저기 저 군사들을 봐라. 공주로 가는 군사들이다. 게다가 관군도 그곳에서 동학 농민군과 전쟁을 하기 위해 준비하고 있단다."
> "그래도 제가 가야 할 곳은 공주예요."
> 　　　　　　　　　　　　　　　　　　　본문 102쪽에서

2 위험을 무릅쓰고 서찰을 전하러 가는 주인공에게 천주학 어른은 아래와 같은 말을 합니다. 자신이 가야 할 길을 안다는 것은 왜 중요한 일이며, 그 길을 잃지 말라고 한 뜻은 무엇일까요?

> "가야 할 곳을 확실히 찾은 것 같구나. 자신이 가야 할 길을 안다는 것은 아주 중요한 일이다. 앞으로도 그 길을 잃지 마라."
> 　　　　　　　　　　　　　　　　　　　본문 102쪽에서

 자신이 가야 할 길을 안다는 것이 중요한 이유

 그 길을 잃지 말라고 한 뜻

3 『서찰을 전하는 아이』에는 주인공의 이름이 나오지 않습니다. 등장 인물들은 주인공을 '아이'라고 부를 뿐입니다. 저자가 책 속 주인공의 이름을 정하지 않은 이유는 무엇일까요?

4 동학 농민군을 찾아 위험한 지역으로 가면서도 주인공은 행복하다고 말합니다. 주인공은 왜 행복했을까요? 주인공과 비슷한 행복감을 느꼈을 인물을 역사 속에서 찾아보세요.

> "동학 농민군이 말하는 것처럼 좋은 세상이 올까요? 양반도 없고 상것도 없고, 서양인도 일본인도 우리를 넘보지 않는 세상이요."
> "넌 그럴 거라 믿느냐?"
> "믿어요. 그래서 지금 강을 건너려고 하는 거예요."
> "동학 농민군을 찾아가는 구나."
> "네, 할 일이 있어요."
> "넌 목숨을 내놓기에 너무 어리다."
> "저는 지금 행복합니다."   본문 111쪽에서

 주인공이 행복한 이유

 주인공과 비슷한 행복감을 느꼈을 인물

5 일본 군사들에게 끌려가는 녹두 장군의 모습을 보고, 주인공은 왜 눈물을 흘렸을까요? 주인공이 녹두 장군에게 건넨 말들을 통해 그 마음을 짐작해 보세요.

> "녹두 장군님, 왜 여기 오셨어요? 피노리에 오지 말라고 했잖아요!"
> "좋은 세상 만들겠다고 하셨잖아요! 양반 천민 없는 평등하고 살기 좋은 세상, 행복한 세상을 만드셔야지요."
> "제가 아프지 않게 노래를 들려 드릴게요. 약이 될 거예요. 빨리 일어나셔서 다시 말을 타세요."   본문 154~155쪽에서

1 주인공의 성격을 나타내는 말로 가장 적절한 것은?

> 아버지의 말을 따르자면 서찰은 절대로 다른 사람이 봐서는 안 되었다. 잘못되면 내가 위험한 상황에 처할 수도 있었다. 노인에게 글자를 보여 주는 방법이 문제였다.
>
> 밥을 먹는 동안 곰곰이 생각했다. 결국 내가 찾아낸 방법은 노인에게 직접 한자를 써서 보여 주는 것이었다. 다른 방법은 없었다. 또한 한 번에 여러 자를 보였다가는 서찰의 내용을 들킬 수도 있으니, 우선 노인에게 몇 글자의 뜻만 가르쳐 달라 하고, 또 다른 사람에게 다음 글자들의 뜻을 알아내는 것이 좋겠다고 생각했다.
>
> 본문 40쪽에서

① 배려심이 많다　② 차분하다　③ 신중하다　④ 겸손하다　⑤ 공평하다

2 밑줄 친 문장을 이해하기 위해서는 필요한 문장이 있습니다. 그 문장은 무엇일까요?

> "아이야, 내게 하고 싶은 얘기가 무엇이냐?"
> 나는 봇짐에서 서찰을 꺼내어 녹두 장군 앞에 놓았다.
> <u>"북한산에서 한 노스님이 아버지에게 맡긴 서찰입니다."</u>
> <u>"아버지는 서찰을 가지고 전라도로 오시다가 수원에서 갑작스럽게 돌아가셨습니다. 그래서 제가 이 서찰을 가지고 온 것입니다. 아무에게도 보이지 않았습니다."</u>
> 말을 하는 동안 목이 메고, 나도 모르게 눈물이 흘러내렸다. 기쁨의 눈물이고, 지난 기억에 대한 눈물이었다. 그리고 아버지에 대한 눈물이었다.
>
> 본문 148쪽에서

① 나는 녹두 장군에게 할 말이 있다.
② 돌아가신 아버지는 노스님을 믿었다.
③ 이 서찰을 녹두 장군에게 전해야 한다.
④ 노 스님은 아버지의 아들인 나를 신뢰한다.
⑤ 이 편지는 다른 사람에게 보여 주면 안 된다.

아·이·들·을·위·한·P·S·A·T·와·L·E·E·T

3 다음 글의 서술 방식으로 적절한 것은?

> 나는 천천히 사람들 틈을 비집고 들어갔다. 거기에는 일본 군사들에게 끌려가는 녹두 장군이 있었다. 말을 탄 군사들 뒤에 총을 들고 호위하는 군사들이 있었고, 그 가운데에 나무로 만든 들것에 실려 있는 녹두 장군의 모습이 보였다. 앉아 있었지만 몸에 힘이 없어 거의 눕다시피 한 모습으로 눈을 감고 있었다. 얼굴과 옷은 붉은 피로 흠뻑 젖어 있었다.
>
> 본문 154쪽에서

① 대조　　② 예시　　③ 인과　　④ 묘사　　⑤ 분석

4 밑줄 친 상황을 뜻하는 사자성어로서 적절한 것은?

> "그런데 동학 농민군은 왜 난을 일으켰어요?"
> 내가 물었다. 그러자 그 어른이 대답했다.
> "처음에는 전라도 고부 땅에서 일어났다고 하더라. <u>조병갑이라는 고부 군수 놈이 어찌나 백성들 것을 빼앗고 못살게 굴던지 도저히 살 수가 없었던 거지.</u> 그래서 백성들이 들고 일어난 거야. 거기에 동학도들이 주축이 되어 함께 난을 일으켰지. <u>하긴 백성 피 빨아먹는 놈이 어디 조병갑 하나더냐. 궁궐에 있는 놈들이 더한 놈들이지.</u>"
>
> 본문 60쪽에서

① 자중지란 (自中之亂)　　② 가렴주구 (苛斂誅求)　　③ 유유상종 (類類相從)
④ 각골난망 (刻骨難忘)　　⑤ 이구동성 (異口同聲)

함께 사는 다문화 왜 중요할까요?

홍명진 글 | 조성민 그림 | 어린이 나무 생각

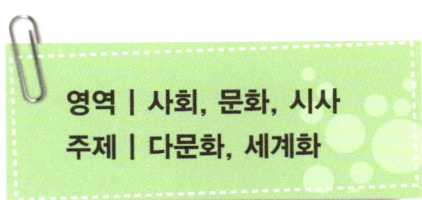

영역 | 사회, 문화, 시사
주제 | 다문화, 세계화

1. 우리나라와 다른 다양한 인종과 문화를 인정하고 존중한다.
2. 세계화의 개념과 필요성 그리고 문제점에 대해 알아본다.
3. 다문화 국가로 빠르게 진행되고 있는 우리 사회를 받아들이는 성숙한 자세에 대해 생각해 볼 수 있다.

내용의 핵심

국제 연합 회원국 기준으로 보면 세계에는 193개의 나라가 있다. 회원국이 아닌 나라까지 합치면 195개 정도이다. 이렇게 다양한 나라들은 저마다 각자의 고유한 생활 풍습, 사고방식, 가치관을 가지고 살아가고 있다. 그런데 다양한 인종과 다양한 문화가 공존하는 세계에 더 우수한 인종, 더 똑똑한 민족이 따로 있을까? 무엇이 진정한 선진국을 만드는지 다양한 관점에서 생각해 본다.

도서 선정 이유

우리나라는 다문화 국가를 넘어, 2024년 현재 외국인이 국민의 5%가 넘는 다인종 사회가 되었다. 이 책은 세상에 얼마나 다양한 문화를 가진 사람들이 살고 있는지, 우리나라의 다문화 역사는 어떻게 되는지 등을 이해하기 쉽게 설명하고 있다. 그럼으로써 우리 사회가 다문화 사회를 어떻게 바라보고 이해해야 할지 고민해 보게 한다. 어느 민족이나 인종만이 특별한 것이 아니라 모두가 편견과 차별을 멈추고 다문화 사회를 준비하는 성숙한 자세와 관용의 자세를 생각해 볼 수 있다.

1 자신에게 해당하는 것에 체크하고 다문화에 대한 태도를 점검해 보세요.

- [ ] 개미 애벌레로 음식을 해 먹는 나라의 사람들이 이해되지 않는다.
- [ ] 외국인이 지나갈 때 신기한 듯 쳐다본다.
- [ ] 다람쥐 구이를 먹는 외국인이 불행해 보인다.
- [ ] 어릴 적부터 목에 금테 목걸이를 찬 고산 지대에 사는 카렌족 여성들이 불편해 보인다.
- [ ] 외국에서 전학 온 옆 반 친구를 구경하러 간다.
- [ ] 우리나라 문화보다 백인들이 쓰는 문화가 더 좋아 보인다.
- [ ] 존댓말이 없는 미국 사람들은 예의가 없어 보인다.
- [ ] 돼지고기를 못 먹는 이슬람 사람들은 불쌍하다.

2 제시된 뜻을 읽고 해당하는 단어를 〈보기〉에서 찾아 써 보세요.

보기	차별 양극화 관용 편견 다양성 문화 세계화 GDP 귀화
①	여러 가지 양상을 가진 특성.
②	둘 또는 여럿 사이에 차등을 두어 구별함.
③	한쪽으로 치우친 생각이나 공정하지 못한 견해.
④	다른 나라의 국적을 얻어 그 나라의 국민이 됨.
⑤	의식주, 풍습, 가치, 규범 같은 공통의 생활 양식.
⑥	한 나라 안에서 이루어진 생산 활동을 모든 합친 것.
⑦	남의 잘못이나 실수를 너그럽게 받아들이거나 용서함.
⑧	두 대상이 서로 반대되는 쪽으로 점점 더 달라지고 멀어지게 됨.
⑨	국경을 넘어 사람, 상품, 서비스, 문화, 사상이 전파되고 서로 만나는 것.

1 세계에는 국제 연합(UN, 유엔) 회원국 기준으로 몇 개의 나라가 있나요? (16쪽)

2 가혹한 노동과 학대로 힘들게 살아가는 '아동 노예'로 불리는 아이들이 가장 하고 싶은 일은 무엇이라고 했나요? (26쪽)

3 더 뛰어나거나 덜 뛰어난 인종이나 문화가 있을 수 없다는 생각을 무엇이라고 하나요? (27쪽)

4 요즘 세계인들의 가장 큰 관심거리는 무엇인가요? (39쪽)

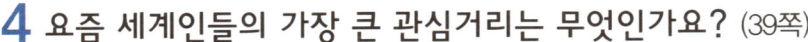

5 아프리카나 다른 지역의 흑인들은 왜 가난하다고 했나요? (59쪽)

6 결혼 등으로 인해 다양한 민족과 인종, 문화가 섞인 가정을 무엇이라고 하나요? (90쪽)

7 단군 할아버지가 남긴 홍익인간(弘益人間)은 어떤 뜻인가요? (113쪽)

8 빈칸에 알맞은 단어를 채워 보세요. (150쪽)

> 세계화의 바람직한 미래는 경쟁을 넘어선 (   )와/과 (   )이라고/라고 할 수 있어요. 모두 함께 더불어서 (   ) 이라는/라는 하나의 (   )을/를 꾸려 가는 것이지요.

9 미래의 우리 사회는 어떤 사람이 이끌어 가야 할까요? (153쪽)

10 다문화 사회를 준비하기 위해서는 어떤 마음가짐을 가져야 할까요? (167쪽)

1 세계에서 가장 뛰어난 인종을 묻는 말에 왜 ㉠처럼 대답해야 할까요?

> 각 인종마다 독특한 개성과 특기가 있습니다. 인종주의자들의 주장처럼 어느 인종이 다른 인종보다 더 특별하거나 더 뛰어난 가치를 갖는 것은 아니에요. 각 인종 사이에는 우열은 없고 차이만 있지요. 그러므로 "세계에서 가장 뛰어난 인종은?"과 같은 물음에 대한 정확한 답변은 ㉠ "그런 것 없다."입니다. 어느 인종인지를 떠나 모든 인간은 존엄하고 동등한 가치를 지니며 소중한 대우를 받아야 하는 존재이지요.
>
> 본문 64쪽에서

2 한국인은 태어나기도 하지만, 만들어지기도 한다는 것은 어떤 의미인가요?

> 귀화를 한 뒤에 이들에게 한국은 법적으로도 조국이고 마음으로도 조국이 됩니다. 그들은 여느 한국인처럼 교육받을 권리가 있고 세금을 내야 할 의무가 있고 또 국가로부터 보살핌을 받을 권리가 있어요.
>
> 어쩌면 이들은 한국에서 태어난 사람보다 더 한국을 사랑하는 사람들일지 몰라요. 자기가 태어난 땅을 떠나 한국인이 되기로 마음을 정한 것이니까요. 이를 통해 알 수 있는 사실은 무엇일까요? 한국인은 태어나기도 하지만, 만들어지기도 한다는 것이랍니다.
>
> 본문 104쪽에서

3 세계화는 우리의 삶에 긍정적인 영향과 부정적인 영향을 줍니다. 그 내용 중에 하나씩 써 보세요. (143~147쪽)

> 긍정적인 영향 (예 – 세계화로 인해 나라 간 경제 활동이 활발해진다.)

> 부정적인 영향 (예– 에이즈, 코로나 등 인류를 위협하는 질병이 급속도로 확산할 수 있다.)

4 다음 글을 읽고 진짜 선진국이 된 대한민국의 바람직한 모습을 써 보세요.

> 선진국이란 단순히 제품 생산이나 무역과 수출을 많이 하고 국민들의 소득이 높은 나라가 아니에요. 그런 것은 선진국이 되기 위한 조건 중 하나일 뿐이지요. 진짜 선진국이 되려면 겉모습뿐 아니라 속이 성숙해야 한답니다. 그 나라가 얼마나 건강하고 성숙한지 알 수 있는 방법은 무엇일까요? 그 나라가 사회의 하층민, 가난하고 소외된 사람들을 어떻게 대하는지 보면 알 수 있어요.
> 어느 사회에나 약한 계층이 있어요. 가난한 사람들, 노인, 장애인, 외국인 노동자가 그들이죠. 그런 사람들을 배려하고 따뜻하게 품어 주지 못하는 사회를 진정으로 부강한 사회라고 할 수 없어요.
>
> 본문 171쪽에서

책을 내 것으로 만드는 아이들

1 오늘날 세계는 기술의 발달과 정보화의 영향으로 더욱 가까워지고 있습니다. 여러분 주변에서 직접 겪은 세계화의 모습에는 어떤 것들이 있나요?

> 세계화란 국경을 넘어 사람, 상품, 서비스, 문화, 아이디어, 사상이 전파되고 서로 만나는 것을 말해요. 이러한 현상은 1980년대 이후에 빠르게 생겨났어요. 예전 같으면 평생 마주칠 일 없었던 다른 대륙의 사람들과 이웃이 되고 먹고사는 방식에 서로 영향을 주지요.
>
> 본문 128쪽에서

2 부시 대통령의 행동에 대한 여러분의 생각을 써 보세요.

> 2005년 우리나라에 온 부시 미국 대통령은 식단에 김치가 올라오자 김치 냄새가 싫다며 아웃백 식당에서 식사했습니다.

부시 대통령은 김치를 안 먹었던 사람이니 그럴 수 있다.

우리나라의 문화를 존중하지 못한 태도이므로 예의 없는 행동이다.

나의 생각 :

그렇게 생각한 까닭 :

3 책을 읽으면서 가장 기억에 남는 내용(새롭게 알게 된 점, 놀라운 점, 기억하고 싶은 부분 등)을 써 보세요.

4 성숙한 다문화 사회를 만들기 위해 여러분이 할 수 있는 일을 생각해 보세요.

> 우리는 어떻게 관용의 마음을 보여줄 수 있을까요? 특별한 관심이 필요할까요?
> 아닙니다. 다문화를 받아들이는 방법은 나와 다른 사람을 특별 대우하는 것이 아니에요. 그들을 관심, 교육, 온정의 대상이 아니라 집 앞에서 만나도 신기하지 않은 평범한 이웃이나 친구가 되게 하는 것이지요. 지하철 옆자리에 앉아도, 식당에서 마주쳐도 아무도 흘긋흘긋 훔쳐보지 않는 편안한 대상, 그들이 아닌 '우리 중 하나'가 되게 하는 것이죠. 얼마 후면 나와 피부색이 다른 경찰관이나 소방관, 주민 센터 직원을 만나는 것이 특별한 일이 아닌 사회가 될 거예요.
>
> 본문 167~168쪽에서

5 차별을 금지하는 법안을 만든다면 여러분은 찬성합니까? 반대합니까? 그 이유와 함께 써 보세요.

찬성   반대

그 이유:

1 다음 내용을 주장으로 하여 글을 쓸 때 근거로 알맞지 <u>않은</u> 것은?

> 각자에게 주어진 자연환경은 사람들이 살아가는 방식에 많은 영향을 미쳤어요. (중략) 이렇게 각기 다른 자연환경과 기후에 적응하고 그 지역에서 나는 음식을 먹다 보니 살아가는 방식뿐 아니라 사람들의 겉모습도 달라지게 되었답니다.
>
> 본문 36~39쪽에서

① 육류를 많이 먹는 유럽 사람들은 체격이 좋다.
② 아프리카인들은 더운 날씨 때문에 부정적이고 성격이 급하다.
③ 북유럽이나 러시아 사람들은 태양 빛을 적게 받아 얼굴이 하얗다.
④ 아프리카는 일 년 내내 여름 날씨라 옷을 많이 장만하지 않아도 된다.
⑤ 아시아인들은 채식 문화이기 때문에 상대적으로 체격이 작고 육식하는 이들에 비해 장의 길이도 길다.

2 다음 상황을 표현한 사자성어로 가장 적절한 것은?

> 인종 차별과 편견에는 영원한 가해자나 피해자가 따로 없어요.
> 내 땅에서 다른 인종을 차별했던 사람들도 자기 나라, 자기 땅을 벗어나는 순간 외국인, 이방인이 되어 차별받을 수 있기 때문이죠.
> 인종이 다르다고 내가 남을 차별한다면, 누군가가 같은 이유로 나를 차별할 때 "이것은 옳지 않아."라고 말할 자격이 없지요.
>
> 본문 56쪽에서

① 역지사지(易地思之) – 남과 처지를 바꾸어 생각함.
② 일희일비(一喜一悲) – 한편으로는 기쁘고 한편으로는 슬픔.
③ 조삼모사(朝三暮四) – 자신의 이익을 위해 남을 속이고 놀림.
④ 일취월장(日就月將) – 나날이 또는 다달이 발전하거나 성장함.
⑤ 일석이조(一石二鳥) – 한 가지 일로 두 가지 또는 그 이상의 이득을 얻음.

3 바람직한 세계 시민이 되기 위한 행동을 하지 <u>않은</u> 친구는?

> 그렇다면 누가 진정으로 바람직한 세계 시민일까요? 세계 시민은 다른 세계에서 벌어지는 일에 관심을 갖지요. 다른 세계 사람들의 마음을 공감하고 어려움을 함께 고민하고요. 또 세상을 바꾸는 일에 직접 참여하기도 해요. 다른 인종과 민족, 문화를 배척하기보다 이해하려고 애써요. 내가 사는 방식과 나의 생각이 수많은 가능성 중의 하나인 것을 알기 때문이죠.
>
> 본문 153쪽에서

① 전쟁에서 다친 병사들을 치료하는 것을 돕기 위해 떠난 채희
② 손으로 식사하는 인도 친구에게 포크와 숟가락을 가져다준 태강
③ 튀르키예 지진 이재민(재해를 입은 사람)을 위해 성금을 낸 은채
④ 하던 일을 멈추고 기도하는 이슬람교 친구를 조용히 기다려 준 주연
⑤ 돼지고기를 못 먹는 이슬람 친구를 위해 다른 요리를 준비해 둔 재인

4 ㉠의 근거로서 가장 적절한 문장은?

> ㉠ <u>세계화의 바람직한 미래는 경쟁을 넘어선 공존과 조화라고 할 수 있어요.</u> 부자와 가난한 자, 힘 있는 자와 약한 자, 튼튼한 자와 비실비실한 자가 함께 더불어서 지구라는 하나의 마을을 꾸려 가는 것이지요. 한쪽 세계는 풍요를 누리고 다른 한쪽 세계는 빈곤에 힘겨워하는 상황이 계속된다면 지구의 질서와 작동 방식에 고장이 생기게 될지 모릅니다. 세계가 잘 굴러가게 하기 위해서는 세계화라는 현상을 잘 조정해야 해요.
> 또 세계화의 앞날에는 다양한 문화와의 조화가 꼭 필요해요.
>
> 본문 153쪽에서

① 세계화의 앞날에는 다양한 문화와의 조화가 꼭 필요해요.
② 세계화의 바람직한 미래는 경쟁을 넘어선 공존과 조화라고 할 수 있어요.
③ 세계가 잘 굴러가게 하기 위해서는 세계화라는 현상을 잘 조정해야 해요.
④ 부자와 가난한 자, 힘 있는 자와 약한 자, 튼튼한 자와 비실비실한 자가 함께 더불어서 지구라는 하나의 마을을 꾸려 가는 것이지요.
⑤ 한쪽 세계는 풍요를 누리고 다른 한쪽 세계는 빈곤에 힘겨워하는 상황이 계속된다면 지구의 질서와 작동 방식에 고장이 생기게 될지 모릅니다.

마당을 나온 암탉

황선미 글 | 김환영 그림 | 사계절

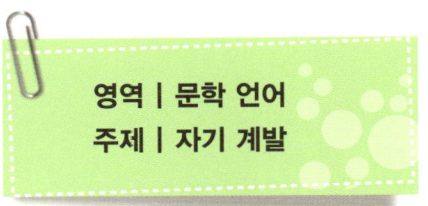

영역 | 문학 언어
주제 | 자기 계발

 **목표**

1. 꿈을 이루기 위해 노력하는 과정을 알 수 있다.
2. 꿈을 실현하고 역경을 극복하는 과정을 통해 진정한 삶의 의미를 배울 수 있다.

줄거리

　어미가 되고 싶은 소망을 가지고 닭장에서 살던 암탉 잎싹은 폐계(알을 낳지 못하는 암탉)가 되어 마당으로 나와 찔레덤불로 간다. 그곳에서 우연히 청둥오리 알을 품게 되고 엄마의 꿈을 이룬다. 어미가 된 잎싹은 족제비로부터 온갖 죽을 고비를 다 넘기면서 아기를 청둥오리로 키워 무리들과 함께 떠나보내고 자신은 족제비의 먹이가 된다.

도서 선정 이유

　아이들에게 목표 의식을 심어 주기에 좋은 도서다. 도저히 불가능할 것 같은 꿈을 이루는 잎싹을 통해 자기를 발견하고, 목표 의식을 갖고 노력하는 것이 얼마나 중요한지 알게 한다.

1 다음 뜻풀이에 알맞은 단어를 보기에서 찾아 써 보세요.

> **보기**
> 볏   소망   횃대   장닭   폐계   함지박   관상용
> 진저리   난용종   둥우리   몰인정   자맥질   조무래기

① 알을 얻기 위하여 기르는 품종. ( )

② 통나무의 속을 파서 큰 바가지같이 만든 그릇. ( )

③ 남을 동정하는 마음과 따뜻한 마음이 전혀 없음. ( )

④ 물속에서 팔다리를 놀리며 떴다 잠겼다 하는 행동. ( )

⑤ 닭이나 새가 우리의 공중에서 쉴 수 있도록 만든 막대. ( )

⑥ 짚이나 댑싸리로 바구니와 비슷하게 엮어 둥글게 만든 그릇. ( )

⑦ 늙어서 알을 낳을 수 없거나 고기로서의 가치가 떨어지는 닭. ( )

2 다음은 동식물의 이름입니다. 알맞은 이름을 보기에서 찾아 써 보세요.

| 보기 | 늑대   수련   부들   개개비   족제비   청둥오리   소루쟁이   부레옥잠 |

㉠ 수초로서 수염뿌리가 많다. 7~9월에 흰 꽃을 피우고 열매는 달걀 모양이다.
( )

㉡ 마디가 있는 풀로서 높이는 30~80cm이며, 잎의 가장자리는 물결 모양이다. 어린잎은 먹을 수 있다. ( )

㉢ 몸통이 가늘고 길며 사지는 짧고 꼬리는 굵고 길다. 털 빛깔은 황갈색이며 쥐, 뱀, 닭 등을 잡아먹는다. ( )

㉣ 날개의 길이가 7.5~9cm인 새로서, 꽁지의 끝은 잿빛 흰색이다. 여름새로서 강변 또는 습지의 갈대숲에 산다. ( )

㉤ 원기둥 모양인데 높이가 1~1.5미터이다. 잎은 가늘고 길다. 꽃가루는 지혈제로 쓰고, 잎과 줄기는 자리·부채를 만드는 재료로 쓴다. ( )

책을 다시 읽는 아이들

1 주인공의 이름은 누가 지었나요? (13쪽)

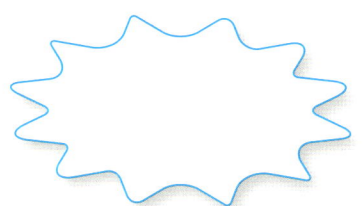

2 바람과 햇빛을 한껏 받아들이고, 떨어진 뒤에는 썩어서 거름이 되고 향기로 꽃을 피워 내는 아카시아 나무의 잎사귀처럼 잎싹은 어떤 소망을 가지고 있나요? (10쪽)

3 정신을 잃은 잎싹을 깨워 준 등장인물은 누구인가요? (28쪽)

4 잎싹은 그토록 소망하던 마당에서도 살지 못하고 쫓겨나 찔레덤불로 갔습니다. 그곳에서 알을 발견했어요. 잎싹은 그 알을 어떻게 했나요? (61쪽)

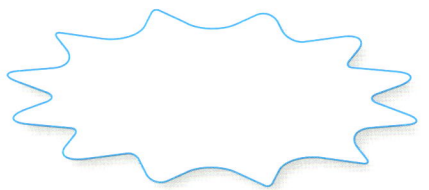

5 찔레덤불 속에서 알이 깨어나자 아기를 데리고 안전한 마당으로 간 잎싹은 마당 식구들로부터 아기에 대한 깜짝 놀랄 이야기를 듣게 되는데, 어떤 내용인가요? (93쪽)

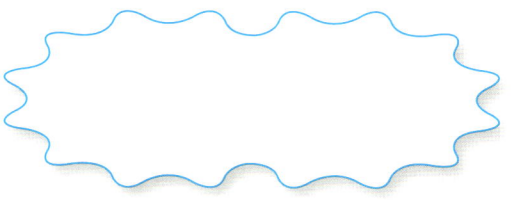

6 잎싹이 아기에게 지어 준 이름은 무엇입니까? (125쪽)

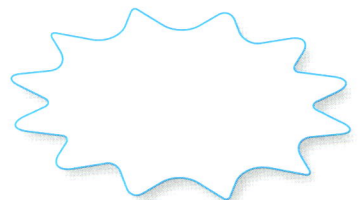

7 초록머리는 족제비에게 잡아먹힐 위기에서 공중으로 날아올라 살아납니다. 이것은 잎싹에게 일어난 세 번째 기적이었습니다. 첫 번째와 두 번째 기적은 무엇인가요? (131쪽)

🥚 첫 번째 기적

🥚 두 번째 기적

8 마당으로 가자는 초록머리의 청을 잎싹은 왜 거절했나요? (138쪽)

9 ( ) 안에 들어갈 말은 무엇인가요?

> "어리다는 건 경험이 부족하다는 것! 아가, 너도 이제 한 가지를 배웠구나. 같은 족속이라도 모두 사랑하는 건 아니란다. 중요한 건 서로 이해하는 것! 그게 바로 ( )이야."
>
> 📄 본문 152쪽에서

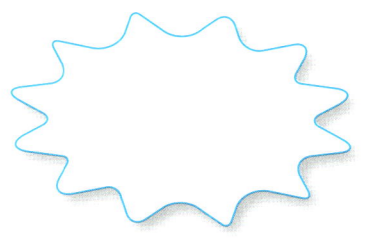

10 초록머리가 파수꾼으로 인정받아 무리들과 잎싹의 곁을 떠난 후, 잎싹은 어떻게 되었나요? (191쪽)

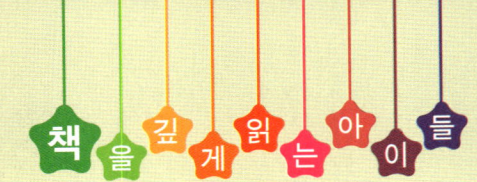

1 등장인물들이 꿈을 이루기 위해 노력한 내용을 간단히 쓰고, 점수를 준다면 몇 점일지 막대그래프로 표현해 보세요.

등장인물	잎싹	나그네	초록머리	집오리 떼	수탉 가족	족제비
100						
90						
80						
70						
60						
50						
40						
30						
20						
10						
꿈을 이루기 위한 노력						

2 잎싹이 찔레 덤불 속에서 발견한 알을 품고 있을 때, 나그네가 잎싹을 보고 있었습니다. 나그네와 잎싹은 각각 어떤 생각을 하고 있을까요? (65쪽)

> 나그네의 생각

> 잎싹의 생각

3 잎싹의 말에 청둥오리가 대답을 한다면 어떤 내용일지 빈칸을 채워 봅시다.

잎싹의 말	청둥오리의 대답
"나그네 표정이 왜 저렇게 어두울까? 뽀얀 오리는 왜 옆에 없을까?"	
"아가야, 나그네는 가끔 산등성이까지 올라가서 먼 곳을 본다. 무엇을 보는 걸까? 저수지보다 더 먼 곳을 보는 것 같아."	
"아직은 괜찮을 거야. 그래도 만약을 위해서 말해두는 거야. 마당으로 가지 말고 저수지로 가." "왜?"	

4 다음 글의 밑줄 친 내용으로 어떤 사실을 짐작할 수 있나요?

"나는 괜찮아. 이제는 발톱도 단단하고 부리도 강해. 족제비가 나타난다고 해도 호락호락 당하지 않을 거야. 그러니까 날 두고 떠나도 돼." 청둥오리가 잎싹을 쳐다보았다. 족제비라는 말이 신경 쓰였는지 목 깃털이 치르르 떨리고 있었다.
"<u>알이 깰 때까지, 어쩌면 그믐달이 뜰 때까지만……</u>"

본문 71쪽에서

책을 내 것으로 만드는 아이들

1 『마당을 나온 암탉』의 잎싹과 닮은 인물을 우리 주변에서 찾고 그 이유를 써 보세요.

잎싹과 닮은 인물

이유

2 밑줄 친 내용은 아기 오리를 줄 수 없다는 잎싹의 말을 듣고 오리 우두머리가 한 말입니다. 여러분은 오리 우두머리의 말에 대해 어떻게 생각하나요?

> "가족이라고? 나는 아기를 줄 생각이 없는걸."
> "뭐라고? 그러면 어쩌겠다는 거야? 넌 암탉인데."
> "난 엄마야. 아기 날개를 자를 텐데 마당으로 보낼 것 같아?"
> "그것 때문에 도망쳤어? 겁낼 것 없어. 조금도 아프지 않아. 따끔할 정도라고. 어쩌면 아픈 것도 모를걸. 날아갈까 봐 그러는 거야."
> "날아갈까 봐?"
> "<u>이 아기는 집오리보다 야생 오리를 더 닮았어. 집오리로 길들이지 않으면 위험하게 살 거야. 나그네처럼 떠돌이로 살다가 죽는다고.</u>"
> 잎싹은 잠자코 걸었다. 청둥오리처럼 비참하게 죽는 것은 정말 슬프다. 하지만 아기를 오리들에게 줄 생각도 없었다.
>
> 📄 본문 108~109쪽에서

🔵 옳다.

_____

❌ 옳지 않다.

_____

책·을·내·것·으·로·만·드·는·아·이·들

3 책에서 가장 인상 깊었던 장면을 쓰고, 이 장면에서 느낀 점을 써 보세요.

인상 깊은 장면	
나의 느낌	

4 다음은 초록머리가 어떻게 살아야 하는지 결정을 내리지 못하고 있을 때 잎싹이 한 말입니다. 여러분이 장차 하고 싶은 것은 무엇인지 지금 어떤 노력을 해야 하는지 써 봅시다.

> "나는 안 떠나."
> 금방이라도 울 것처럼 초록머리가 잎싹의 날개죽지에 머리를 묻었다.
> "하고 싶은 걸 해야지. 그게 뭔지 네 자신에게 물어 봐."
>
> 본문 172쪽에서

하고 싶은 일	
노력	

마당을 나온 암탉 | 61

1 밑줄 친 내용을 표현한 말로 적절한 것은?

'아직 따뜻하구나. 낳은 지 얼마 안 됐어. 하마터면 큰일날 뻔했지. 내가 너를 품어 주마. 무서워하지 마라.'

두려운 마음이 씻은 듯이 사라지고 평온해졌다. 조금 뒤에는 여태 느끼지 못했던 색다른 기쁨마저 솟아났다. 잎싹은 눈을 지그시 감고 가슴 밑의 생명이 전하는 따뜻함을 느꼈다.

찔레덤불 속은 밖에서 볼 때보다 훨씬 아늑했다. 저녁이 되자 떡갈나무 그늘보다 빨리 어두워졌고 바람소리도 작게 들렸다.

"난 이제 알을 못 낳아. 말은 안 했어도 사실이야. 하지만 이젠 괜찮아. 알을 품게 됐는걸. 그토록 바라던 걸 이루게 됐잖아."

잎싹은 어둠 속에 누가 있기라도 한 것처럼 말했다.

"겨우 하나뿐이지만 괜찮아."

본문 63쪽에서

① 갈수록 태산이다.
② 도둑이 제 발 저리다.
③ 천 리 길도 한 걸음부터
④ 뜻이 있는 곳에 길이 있다.
⑤ 열 길 물속은 알아도 한 길 사람 속은 모른다.

2. 밑줄 친 ㉠과 ㉡으로 보아 잎싹이 초록머리에게 바라는 삶으로 가장 적절한 것은?

"엄마, 내가 떠나길 바래?"
잎싹은 초록머리의 눈을 들여다보며 고개를 끄덕였다.
"물론 가야지. 네 족속을 따라가서 다른 세상에 뭐가 있는지 봐야 하지 않겠니? 내가 만약 날 수 있다면 절대로 여기에 머물지 않을 거다. 아가, 너를 못 보고 어떻게 살지 모르겠다만, 떠나는 게 옳아. ㉠가서 파수꾼이 되렴. 아무도 너만큼 귀가 밝지 못할 거야."
"나는 안 떠나."
금방이라도 울 것처럼 초록머리가 잎싹의 날개죽지에 머리를 묻었다.
㉡"하고 싶은 걸 해야지. 그게 뭔지 네 자신에게 물어 봐."

본문 172쪽에서

① 독립해서 살기를 바란다.
② 키워준 정을 잊지 않고 살기를 바란다.
③ 같은 족속의 무리 속에서 살기를 바란다.
④ 집오리로 살더라도 당당하게 살기를 원한다.
⑤ 초록머리가 가진 능력을 발휘하면서 살기를 원한다.

3. 다음 글을 통해 알 수 있는 것과 거리가 먼 것은?

어느 틈에 족제비가 다가와 있었다. 하지만 혼자가 되는 것보다 무섭지는 않았다. 잎싹은 지그시 눈을 감고 중얼거렸다.
"한 가지 소망이 있었지. 알을 품어서 병아리의 탄생을 보는 것! 그걸 이루었어. 고달프게 살았지만 참 행복하기도 했어. 소망 때문에 오늘까지 살았던 거야. 이제는 날아가고 싶어. 나도 초록머리처럼 훨훨, 아주 멀리까지 가보고 싶어!"

본문 189쪽에서

① 꿈을 이루기 위해 최선을 다했다.
② 자유를 꿈꾸는 마음을 알 수 있다.
③ 또 다른 소망을 위해 노력할 것이다.
④ 소망을 이룬 행복한 마음을 알 수 있다.
⑤ 꿈을 실현시켜 나가는 데는 역경이 따른다.

한국인의 독서지도 교재 로직아이 샘

교재의 특징

박우현 교수와 현장의 교사들이 함께 만든 22권의 독서지도 교재

- 6권의 필독서를 읽고 수업하는 독서지도 교재. 자연스럽게 글쓰기 논술 실력도 늘게 하는 교재
- 5급 공무원 시험인 공직 적성 평가와 법학 전문 대학원 입학시험 형식의 문제 수록

파랑(서울시 교육감 인정 도서)
(총 1~6단계)

노랑(교과서 수록 작품)
(총 1~6단계)

초록(신간 교과서 수록 작품 중심)
(총 1~6단계)

빨강(스테디 셀러 중심)
(총 1~4단계)

각 단계는 학년을 기준으로 함. (1학년은 1단계, 6학년은 6단계)
빨강 교재만 학년 중첩. (1단계는 1-2학년, 2단계는 2-3학년, 3단계는 4-5학년, 4단계는 5-6학년)

중학생을 위한 독서 논술 로직아이 수 秀 민트&퍼플

교재의 특징

① 엄선한 필독서 2·3권과 한국 근현대 문학 수록
② 다양한 토론, 요약과 정리 문제 수록
③ PSAT와 LEET형식의 문제 수록

글쓰기 논술 쓰마 & 박우현의 요약과 논술 입문 & 기초

1단계 - 1, 2권 글쓰기 논술 기초 교재
2단계 - 1, 2, 3권 글쓰기 논술 발전 교재
3단계 - 1, 2권 글쓰기 논술 심화 교재

I. 입문편
II. 기초편

교재의 특징

① 쓰마는 과정 중심 글쓰기 논술 교재
② 쓰마는 초등 1학년 부터 6학년 까지
③ 박우현의 요약과 논술은 중등 1학년 부터

---

* (주) 로직아이는 독서 지도나 글쓰기 지도를 하고자 하는 학부모와 선생님들을 위한 교육사업 법인입니다.

책 속에는 꿈이 있습니다.
배우겠다는 의지만 있으면 실력은 늘기 마련입니다.

서울특별시 마포구 잔다리로 120 성동빌딩 303호 (서교동) 전화 (02)747-1577 팩스 (02)747-1599

학부모와 선생님을 위한 **창의독서**

길라잡이

〈로직아이 샘〉과 길라잡이 사용 방법

| 특징 |

1. 〈로직아이 샘〉 1권은 6편의 동화로 구성되어 있으며, 동화 1편은 표지 포함 10쪽으로 이루어져 있다.
2. 〈로직아이 샘〉은 독서지도사, 방과후 학교 교사, 글쓰기 논술 학원 교사 그리고 서술식 문제로 출제 평가하는 초등학교 중학교 교사에게 필요한 교재이다.
3. 동화 한 편의 워크북은 90분 수업에 적합하도록 구성했다.
4. 6권의 필독서이므로 한 달 반 또는 세 달 사이에 교재 한 권의 진도를 나갈 수 있다.
5. 한 권의 독서지도 교재에는 5개 영역(문학 언어, 인문 예술, 사회, 역사 인물, 과학 탐구)을 담되, 1권당 문학 언어 영역이 1/2이 넘도록 했다. 1~2학년은 1단계, 2~3학년은 2단계, 4~5학년은 3단계, 5~6학년은 4단계로 구분했지만, 아이들의 취향이나 선생님의 지도방법에 따라 선택 지도할 수 있다.

| 각 꼭지 별 내용 |

* 각 작품의 첫 쪽에는 책의 줄거리와 도서 선정 이유를 담고 있다.

'책을 펴는 아이들'은 읽기 전 활동에 해당한다.

'책을 다시 읽는 아이들'은 책을 다 읽은 후에, 책의 내용을 다시 한번 점검하는 활동을 담고 있다.

'책을 깊게 읽는 아이들'은 주제를 심화시키는 활동에 해당한다.

'책을 내 것으로 만드는 아이들'은 독서 내용을 확장하는 활동 꼭지이다.

'아이들을 위한 PSAT와 LEET'는 논리적인 사고를 훈련하는 꼭지다. PSAT(공직적성평가)와 LEET(법학적성평가) 형식의 문제 유형을 초등학생 버전으로 만든 것이다.

나무를 심은 사람

책을 펴는 아이들(5쪽)

1. [정답]

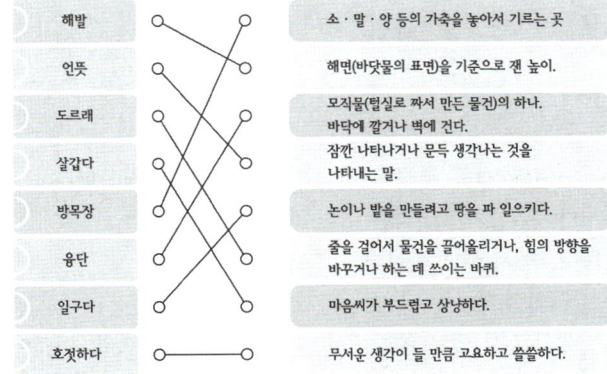

2. [정답]
① 정정하다 ② 고결하다 ③ 담담하다 ④ 공유지
⑤ 앙상하다 ⑥ 황무지

책을 다시 읽는 아이들(6~7쪽)

1. [정답] | 오랫동안 그 사람의 행동을 지켜볼 수 있어야 한다고 했다. (3쪽)
2. [정답] | 여행자의 발길이 닿지 않는 알프스 산악 지대로 여행을 떠났다. (4쪽)
3. [정답]
폐허가 되어 있었고 생명은 이미 사라지고 없었다. (7쪽)
4. [정답] | 돌집에서 살고 있는 양치기 노인이었다. (10쪽)
5. [정답]
양치기 노인은 3년 전부터 이 메마른 땅에 나무를 심고 있었다. (19쪽)
6. [정답] | 30년 동안 (21쪽)
7. [정답]
1차 세계 대전에 참전하기 위해 5년 동안 나가 있었다. (22쪽)
[길라잡이]
1차 세계 대전은 1914년부터 1918년까지 이어졌다.
8. [정답] | 노인은 그전보다 더욱 정정했고 꾸준히 나무를 심어 왔다. (24쪽)
9. [정답]
그 숲의 나무로 숯을 굽지 못하게 한 것이다. (32쪽)
[길라잡이]
정부 대표단이 그동안 무심했다는 것을 의미한다고 볼 수 있다.
10. [정답] | 모든 것이 변했다. 살기 좋은 곳이 된 것이다. (39~40쪽)

[길라잡이]
전쟁 이후에도 매해 방문했다고 했고 1945년의 방문은 32년 만의 방문이다. 노인은 30년 동안 나무를 심겠다는 다짐을 지킨 것이다.

책을 깊게 읽는 아이들(8~9쪽)

1-1. [예시답] 다정하지는 않으나 정은 많다.
[길라잡이]
노인의 개를 통해 주인인 노인의 성격을 짐작할 수 있다. '주인처럼'이라는 단어를 보면 알 수 있다.

1-2. [예시답] 꼼꼼하다. 고집이 세다.
[길라잡이]
제시된 두 글을 종합해서 성격을 말해도 좋으나, 이것이 힘들 경우 각각의 제시글에서 알아보는 것도 좋다.

2. [예시답]
노인의 계획이 장기적이고 노인은 자신의 이익을 생각하지 않는다. / 노인은 굉장한 일을 계획하면서도 상당히 겸손하다.
[길라잡이]
아무도 없는 곳에서 혼자 지내니까 외로웠을 텐데 30년 후의 계획을 말하면서도 담담한 것을 보면 의지가 확고하다고 할 수 있다.

3. [예시답]
노인은 오랫동안 (30년 이상) 나무를 심었다. / 숲이 항상 평화로웠던 것은 아니다. / 노인은 자기 일 이외에는 신경 쓰지 않았다. / 1939년에는 자동차가 휘발유가 아니라 목탄가스로 움직였다. 다시 말해 자동차 휘발유가 대중화된 것은 100년도 되지 않았다는 사실을 알 수 있다.
[길라잡이]
두 개의 글이 있을 때는 항상 공통점과 차이점을 생각해 볼 필요가 있다.

4. [예시답]
노인 혼자 엄청난 숲은 만들었다는 것이다. / 인간은 전쟁을 일으켜 많은 것을 파괴하기도 하지만, 노인처럼 새로운 '자연'을 창조할 수 있을 만큼 유능하다는 뜻이다. / 인간이 전쟁, 개발 등 무엇인가를 파괴하는 것이 아니라 조물주처럼 순수하게 생명을 창조할 수 있는 능력도 충분히 있다는 뜻이다.
[길라잡이]
주인공은 이 작품의 배경이 되고 있는 세계 대전을 통해 인간이 저지른 가장 처참하고 파괴적인 행동을 직접 경험했다. 그런 글쓴이에게 부피에 노인의 삶은 인간에게 희망이 있음을 느끼게 해 주었을 것이다.

책을 내 것으로 만드는 아이들(10~11쪽)

1. [예시답]
자기 자신에게 돌아올 이익보다는 다른 사람들을 위한 마음이 앞서야 한다. / 눈앞의 성과에 급급하지 않고 먼 미래의 많은 사람에게 훨씬 가치가 있는 일은 무엇이고, 그들에게 혜택을 줄 수 있는 것이 무엇인지 생각하는 지혜도 필요하다. / 무엇보다 이러한 생각을 실천에 옮길 수 있는 실천력과 꾸준히 지속할 수 있는 인내심도 뒷받침되어야 한다.
[길라잡이]
부피에 노인이 30년이 넘도록 묵묵히 숲을 가꾸어 갈 수 있었던 마음가짐과 태도에 대해 생각해 보는 활동이다.

2. [예시답]
황무지였던 곳에서 "만 명이 넘는 사람들이 엘제아르 부피에 노인 덕분에 행복하게 살고 있다."는 문장이 좋았다. 노인이 멋져 보였다. / 주인공이 전쟁이 끝나고 노인을 찾아갔을 때 넓은 숲이 있는데도 노인이 여전히 나무를 심고 있던 장면이 기억에 남는다. 노인의 성실함이 느껴졌다. / "엘제아르 부피에 노인이 1947년에 평화롭게 눈을 감았다."는 문장이 기억에 남는다. 참 좋은 삶을 살았다는 느낌이 들었다.
[길라잡이]
학생들이 어떤 문장이나 장면을 말하든 교사나 학부모는 칭찬해 줄 필요가 있다. 다만 그 문장이 기억에 남았다면 그 이유가 무엇인지를 물어볼 필요가 있다.

3. [예시답]
무슨 일이든 끝을 보고 말겠다는 의지가 최고의 힘인 것 같다. 의지가 없으면 하다가 중지할 것 같기 때문이다. / 한 번 기억한 것을 죽을 때까지 잊지 않는 것이 최고의 힘인 것 같다. 그래야 무슨 일이든 잘할 것 같기 때문이다.
[길라잡이]
이 활동은 인간은 작은 힘을 가지고 있다고 해서 위축되지 말고, 어떤 힘이든 긍정적인 힘이라면 그러한 힘을 신장시키는 것이 중요다는 것을 알자는 취지의 활동이다.

4. [예시답]
저는 김구 선생님을 생각했어요. 일제 강점기라는 혹독한 시련 속에서도 우리의 독립을 꿈꾸며 오랫동안 일제에 저항하는 독립운동을 해 오셨잖아요. 독립에 대한 믿음이 없었다면 계속하기 어려운 일이었다고 생각해요. 부피에 노인도 30년 후에 만들어질 숲에 대한 꿈이 있었기 때문에 그렇게 혼자 견뎌낼 수 있었던 것이 김구 선생님과 비슷한 것 같아요.
[길라잡이]
부피에 노인과 같은 삶을 산 사람을 생각해 보는 활동이

다. 위인도 좋고 주변에서 찾아도 좋으나 이유를 함께 들어서 설명하도록 한다.

5. **[예시답 1]**
두 사람의 공통점은 확고한 목표 의식과 인내와 끈기 그리고 성실성이라고 생각한다. 목표 의식이 없으면 자신이 하고 있는 일의 의미를 찾을 수가 없다. 그리고 목표가 분명해도 인내와 끈기 등이 없으면 제때 끝낼 수가 없다. 따라서 어떤 일을 이루기 위해서는 목표가 분명하고 성실해야 한다.

[예시답 2]
어떤 일을 이루기 위해서는 목표를 분명히 해야 한다. 그렇지 않으면 하루하루를 쉽게 보낼 것이다. 인내와 성실성은 그다음이다. 부피에 할아버지도 나무를 심어 울창한 숲을 만들겠다는 목표가 있었고, 우공은 산을 옮기겠다는 확실한 목표가 있었다. 일단은 무엇을 할 것인가의 목표가 있어야 일을 시작할 수 있다.

[길라잡이]
이 문제에서는 먼저 공통점을 찾고 그다음에 자신의 의견을 쓰면 된다. 일을 이루기 위해서 가장 중요한 것이 무엇인지 또는 본받을 만한 점을 써도 될 것이다. 다만 그 이유를 쓰는 것을 잊어서는 안 된다.

아이들을 위한 PSAT와 LEET(12~13쪽)

1. **[정답]** | ②
[길라잡이]
이 문제는 글 전체를 요약한 후에 그에 맞는 속담을 선택하는 문제이다. 우직한 정성으로 이루어 놓은 결과를 보면 노인은 불가능해 보이는 일을 해냈음을 알 수 있다. 끊임없는 노력이 훌륭한 결과물을 만들어낸다는 의미의 속담은 "무쇠도 갈면 바늘 된다."이다. 이 말은 꾸준히 노력하면 아무리 어려운 일이라도 이룰 수 있다는 뜻이다. 따라서 ②가 정답이다. '백지장도 맞들면 낫다'는 말은 아무리 쉬운 일이라도 함께 협력해서 하면 훨씬 더 쉽고 효과적이라는 말인데, 제시문에는 서로 돕는다는 의미가 없다. 따라서 ①은 정답이 아니다. '까마귀 날자 배 떨어진다'는 말은 우연히 동시에 일이 생겨서 둘 사이에 무슨 관계라도 있는 것처럼 의심을 받을 수 있는 경우를 비유적으로 이르는 말인데, 제시문에는 그런 내용이 없다. 따라서 ③도 정답이 아니다. '바늘 도둑이 소도둑 된다'는 말은 작은 나쁜 일도 버릇이 되면 나중에는 큰 죄를 저지르게 된다는 의미인데, 제시문에는 나쁜 의미가 전혀 없다. 학생들 가운데는 좋은 일을 하는데 들쥐나 다람쥐가 방해한다는 내용을 근거로 '좋은 일이 있으면 나쁜 일도 있다'를 정답이라고 생각할 수도 있는데, 여기서의 핵심은 큰일을 이루어 냈다는 데 있으므로 ⑤는 정답과 거리가 멀다.

2. **[정답]** | ①
[길라잡이]
글을 요약하는 문제는 글 전체를 일반화하는 문제와 일맥상통하고 제목을 붙이는 문제와도 통한다. 제시문의 핵심은 '정돈', '청소', '기름칠', '세심함' 등을 근거로 알 수 있듯이 '깔끔하다'는 것이다. 따라서 정답은 ①이다. '총'이 있다고 용감한 것은 아니므로 ②는 정답이 아니다. 노인이 정이 많은지는 나와 있지 않다. 그리고 책 속의 부피에 노인은 인내심이 많지만, 제시문에는 인내심을 나타내는 말이 나와 있지 않고 신념이 투철하다고 보이는 대목이 없다. 따라서 ③, ④, ⑤도 정답은 아니다.

3. **[정답]** | ①
[길라잡이]
이 문제는 글 전체의 핵심을 근거로 결론을 추론하는 추론 문제이다. 이 문제는 상위 개념으로 요약하는 문제라고 볼 수도 있다. 왜냐하면 전체 내용을 일반화하는 능력을 요구하기 때문이다. 제시문의 핵심은 '힘든 삶'을 사는 사람은 '희망'이 없어서 '이기심'과 '욕심'만 더해 간다, 즉 환경이 좋지 않으니 이기심만 더해 간다는 것이다. 사람은 환경의 영향을 받는다는 의미이다. 따라서 정답은 ①이다. 일반적으로는 사람이 '환경을 극복'할 수 있겠지만 제시문에는 그런 내용이 없다. 그리고 힘든 삶을 사는 사람에게도 희망은 있고, 환경 보호는 동물과 인간 모두에게 중요하지만 제시문에는 그런 내용이 나오지 않는다. 따라서 ②, ③, ⑤는 정답이 아니다. 간혹 학생들 가운데는 '이기심이 많은 사람에게는 욕심만 생긴다'는 ④를 정답이라고 생각할 수 있다. 그러나 제시문에서는 그런 이기심도 환경의 영향에서 나온다는 것을 말하고 있으므로 정답과는 거리가 있다고 하겠다.

4. **[정답]** | ③
[길라잡이]
이 문제는 문맥을 이해하면서 주어진 문장의 근거를 찾는 추론 문제이다. 이 문제를 좀 더 쉽게 말하면 "양이 네 마리밖에 없는 이유, 즉 양의 숫자를 줄인 이유는 무엇인가?" 하는 것이다. 양이 네 마리'밖에 없다'는 것은 그전에는 더 많았다는 것을 함축한다. 그것은 노인이 직업을 바꾸어서 그렇다고 할 수 있으나, 그보다는 어린나무를 해칠까 봐 양을 치워버렸다고 하는 것이 더욱 옳을 것이다. 상식적으로 벌을 치면서 양도 칠 수 있다. 바로 다음 문장에 그 이유가 나오는 것으로 봐도 잘 알 수 있다. 따라서 정답은 ②가 아니라 ③이다. 노인이 정정한 것이나 전쟁에 신경을 쓰지 않은 것 그리고 꾸준히 나무를 심어 온 것은 양이 네 마리가 된 것과 아무런 관계가 없다. 따라서 ①, ④, ⑤는 정답이 아니다.

길모퉁이 행운 돼지

책을 펴는 아이들(15쪽)

1. **[정답]**
   ① 불운 ② 신제품 ③ 매끄럽다 ④ 호응 ⑤ 궁금증
   ⑥ 난장판 ⑦ 방관하다

   [길라잡이]
   반대말과 비슷한 말(유의어)를 찾는 문제이다. 어휘의 뜻을 정확하게 아는 방법의 하나는 반대말과 비슷한 말을 아는 것이다. 특정 단어의 반대말을 알면 그 외의 다른 단어들을 떠올리고 비슷한 말을 알면 그 단어의 뜻을 더욱 확장하고자 한다. '행운'의 반대말은 '불운'이고 '불행'은 '행복'의 반대말이다. '사치품'의 반대말은 '필수품' 또는 '실용품'이라고 할 수 있다. '껄끄럽다'는 '마음에 걸리거나 신경이 쓰여 부담스럽다'는 뜻이다. '호응'과 비슷한 말에는 '동조'라는 단어도 있다. '아수라장'은 '싸움 등으로 인해 아주 시끄럽고 혼란한 장소나 상태를 비유적으로 이르는 말'이다. '본체만체하다'와 비슷한 말로 '외면하다'도 가능하겠지만 이것은 보통 '방관'보다 강한 의미로 사용한다. 아예 '고개를 돌린다' 또는 '보지 않음'을 뜻하기 때문이다. 단어의 정확한 뜻을 알았다면 그 단어가 들어간 문장을 만들면 자연스럽게 문장력을 키울 수 있다. 단어는 사용하면 사용할수록 그 뜻이 명료해진다. 교사나 학부모는 해당 단어들을 넣은 문장을 말함으로써 학생들의 이해를 도울 수 있다.

2. **[정답]**
   ① 임무 ② 제보 ③ 유괴하다 ④ 들창코 ⑤ 정보
   ⑥ 비상사태 ⑦ 특종

   [길라잡이]
   어휘력을 신장시키는 문제이다. 어휘 문제는 단어들의 차이를 아는 것이 중요하다. 단어들의 차이가 해당 단어의 정체성 즉 그 단어가 본래 가지고 있는 특징을 나타내기 때문이다. '유괴' 즉 속여서 꾀어내는 대상이 어린이가 많지만 어린이만 유괴 대상이 되는 것은 아니다. 어리숙한 사람이나 노인도 유괴 대상이 될 수 있다. '임무'가 '맡은 일'이라면 '책임'은 '맡아서 행해야 할 의무나 임무'를 뜻하므로 '임무'보다는 좀 더 강한 뜻이 담겨 있다. '맡은 일을 끝내지 못한 경우'는 있지만, '책임을 끝내지 못한 경우'가 있다고 하면 이는 어색하다. 그리고 '책임을 추궁'할 수는 있지만 '임무를 추궁한다'고 하지는 않는다. 콧구멍이 들린 '들창코'와 달리 '매부리코'는 '매의 부리같이 끝이 뾰죽하게 아래로 숙은 코'를 뜻한다. 그리고 '특종'이라는 말이 너무 많아서 요즘에는 '단독'이라는 표현을 많이 사용한다.

책을 다시 읽는 아이들(16~17쪽)

1. **[정답]** | 커다란 돼지 조각상(10쪽)
2. **[정답]** | 10명(18쪽)
3. **[정답]**

사람	하는 일	가게에서 가져온 물건
고래고래 아저씨	(세탁소)	다리미로 한 번 주름을 펴면 영원히 구김이 안 감
다잡아	경찰	누가 범인인지 알아볼 수 있는 신비한 (안경)
(머리해 아줌마)	아름다워 미용실	머리를 예쁘게 깎는 가위
야물차 아줌마	맛있어 식당	최고급 요리를 만들어 주는 (신비한 냄비)
(똑똑해 아저씨)	진달래 책방	책을 펼칠 때마다 새로운 이야기가 나오는 책
멍청해	아파트 8동	걸어도 걸어도 닳지 않는 (구두)

4. **[정답]**
   · **무엇으로 만든 것 같은가?** 흙으로 빚어 만듦 (53쪽)
   · **누가 명령했는가?** 북극의 어느 여왕 (53쪽)
5. **[정답]** | 거리에 돼지들이 늘어나기 시작했다. (59쪽)
6. **[정답]** | 새침데기 소심해 반장(62쪽)
7. **[정답]**
   돼지 조각상이 입고 있는 조끼의 단추를 누르면 열린다. (78쪽)
8. **[정답]**
   사람으로 되돌릴 수 있는 방법은 있다. 그 방법은 행운을 준 물건을 없애야 한다. 단 그 물건을 사용한 사람이 직접 없애야만 한다. (113쪽)
9. **[정답]**
   안방 문 앞에 다리 한쪽이 부러진 의자 위에 요술 항아리를 올려놓았다. (118쪽)

책을 깊게 읽는 아이들(18~19쪽)

1. **[예시답]**
   진달래 시민뿐만 아니라 다른 사람들도 행운을 나눠 가져야 한다. 또는 자기가 행운을 갖지 못한 것에 대한 불만을 나타내는 것이다.

   [길라잡이]
   이해와 추론 능력을 알아보는 내용이다.

2. **[예시답]**
   동의한다.
   이유는 행운은 좋은 것이니까 다른 사람과 나누는 게 더 행복하다.
   동의하지 않는다.
   이유는 행운 가게는 진달래 시에 있기 때문에 진달래 시

민에게 우선권이 있다. 행운을 갖고 싶으면 다른 시도 행운 가게를 열도록 하면 된다. 등등.
[길라잡이]
자신의 주장을 논리적으로 표현하게 한다. 수업하는 동안 다른 친구들과 충분히 토론하면서 자신의 생각을 표현하게 이끌어 준다.

3. [예시답] | 사람들 마음속에서 자라는 욕심.
4. [예시답]
   행운돼지의 책임이다.
   이유는 주인공 나가 말한 것처럼 행운돼지로 인해서 사람들이 돼지로 변했기 때문이다.
   행운돼지의 책임이 아니다.
   이유는 행운을 돼지가 나눠 준다고 하더라도 그것을 선택할 수 있는 것은 사람이기 때문이다.
   [길라잡이]
   주제를 좀 더 깊이 파악하는 내용이다. 지문을 읽으면서 사람들이 모두 돼지처럼 변한 것이 행운돼지가 나타나서인지 아니면 사람들의 욕심 때문인지 토론하면서 자기의 주장을 정리하도록 하게 한다.

책을 내 것으로 만드는 아이들(20~21쪽)

1. [예시답]
   누군가가 내 어깨를 흔드는 것 같았다. 난 떠지지 않는 눈을 억지로 비비며 마지 못해 일어나 앉았다. "학교 늦겠다. 빨리 일어나!" 엄마가 허리에 손을 얹은 채 나를 한심스런 눈빛으로 내려다 보고 있었다. "어, 엄마……!" 난 할 말을 잊은 채 엄마를 바라보았다. 잠이 다 달아나 눈이 점점 커지는 게 느껴졌다. 아마도 내가 꿈을 꾸었나 보다. 서둘러라는 재촉의 말을 하시고 내 방을 나가는 엄마의 뒤를 좇아 부엌으로 가니 아빠가 식탁에서 막 수저를 들고 계셨다. 난 엄마 아빠가 사람으로 되돌아 온 모습을 보니 너무 다행이다 싶어 안심의 한숨 소리가 절로 나왔다. 비록 꿈속이었지만 엄마, 아빠가 영원히 돼지로 살아가고 나 혼자 사람으로 남아 이 집에서 산다는 것은 너무 무서운 일이었기 때문이다.
   [길라잡이]
   이야기 결말에서도 부모님이 사람으로 돌아왔는지에 대한 여부는 나타나 있지 않다. 이 점이 책을 덮으면서도 아쉬움과 궁금증의 여운을 준다. 선생님은 아이들끼리 결말 부분을 행복하게 지을지 아니면 비극으로 끝을 맺을지 서로 의견을 나누도록 시간을 준 후 토론이 끝나면 300자에서 500자 정도 쓰도록 지도한다. (그 이상도 가능)

2. [예시답]
   선택한 행운 : 축구를 잘하게 해 주는 축구화
   경고의 메시지 : 이 축구화를 신는 순간 다른 일은 하지 못하고 오직 축구만 해야 한다.
   [길라잡이]
   행운을 의미하는 네잎 클로버 유래(나폴레옹이 전투 도중에 네잎 클로버를 발견하여 그 클로버를 따기 위해 몸을 숙인 순간 총알이 머리를 스쳐 지나갔다)를 이야기 해 주고 자신이 선택한 행운으로 무엇을 하고 싶은지 자유롭게 이야기하도록 지도한다. 그리고 노력 없이 얻은 행운은 어떤 좋지 않은 점이 있는지 생각해 보고 경고의 메시지로 자신에게 경각심을 주도록 지도한다.

아이들을 위한 PSAT와 LEET(22~23쪽)

1. [정답] | ⑤
   [길라잡이]
   등장인물에 대한 심리를 추론하고 내용을 이해하는 문제이다. 아저씨가 방송기자의 인터뷰를 거절하는 이유는 ①~④에서 다른 사람에게 정보를 알려 줌으로써 일어날 수 있는 상황을 심리적으로 표현한 것이지만 ⑤처럼 진달래 시가 홍보됨으로써 얻게 되는 수익에 대해서는 생각하지 않고 있다.

2. [정답] | ②
   [길라잡이]
   중심 내용 찾기에서 주제 파악을 위한 문제이다.
   작가가 말하는 진정한 행운의 의미는 이 책의 주제와 일맥상통한다. 간절히 바라는 것을 마음속으로 가능하다고 믿고 그것을 얻기 위해 땀을 흘리며 노력하는 것이 어느 날 갑자기 찾아 온 행운보다 값지고 빛나는 것임을 알도록 다음 예를 들어 지도한다. ①은 피겨 여왕 김연아 선수의 훈련 모습. ③ 축구선수 박지성의 끊임없이 배우려는 노력. ④ 안철수 교수의 컴퓨터 바이러스 백신 프로그램인 'V3' 제품을 개발할 당시의 노력하는 모습. 현재는 서울대학교 교수이다. ⑤ 골프로 유명한 박세리 선수의 훈련 모습이다. 위 인물에 대한 배경지식이 없는 아이들은 답을 고르는데 어려움이 있으니 인물에 대한 간단한 소개를 해 주는 게 좋겠다.

지켜라! 멸종 위기의 동식물

책을 펴는 아이들(25쪽)

1. [정답] | 1. ○ 2. △ 3. △ 4. ○
   [길라잡이]
   현재 지구에서 완전히 멸종된 동물과 멸종은 아니지만 멸종 위기 동물에는 어떤 것이 있는지 찾아보는 문제이

다. 1은 '큰코아핀치', 4는 '포클랜드늑대'인데 둘 다 멸종동물이고, 2는 '미국늪거북', 3은 '니코시아카카멜레온'으로서 멸종 위기 동물이다. 사진에는 없지만 아이들이 알고 있는 동물들도 함께 발표하면서 책 속의 이야기로 들어가는 발문이라고 할 수 있다.

2. [정답]
(1) 방생 (2) 생태계 (3) 서식지 (4) 습지 (5) 자생지
(6) 부빙 (7) 종

책을 다시 읽는 아이들(26~27쪽)

1. [정답]
* **다섯 차례 대멸종 원인 :** 시베리아 화산 폭발, 운석과 지구의 충돌
* **여섯 번째 대멸종의 원인 :** 서식지 파괴, 외래종 전파, 지구 온난화

[길라잡이]
지금까지 있었던 5차례의 대멸종은 지구의 자연스러운 변화와 환경에 의한 어쩔 수 없는 대멸종이라면, 여섯 번째 대멸종은 사람들의 인위적인 지구 환경 파괴로 인한 대멸종이 일어날 수 있다는 경고이다.

2. [정답] | 레드 데이터 북(22쪽)
3. [정답] | 멸종 위기 친구들이 인간들 때문에 죽어가고 있다는 것. (29쪽)
4. [정답]
첫째, 바닷속 생물들의 보호막이었던 산호가 죽는다.
둘째, 물고기들이 알을 낳거나 집을 짓고 사는 맹그로브 식물이 쉽게 죽는다. (40~41쪽)

[길라잡이]
두 가지 문제점 중 하나만 적어도 맞았다고 할 수 있다.

5. [정답] | 사람들에게 필요한 약을 만든다. (54쪽)
6. [정답] | 사람들이 먹기 위해 들여왔다. (61쪽)
7. [정답] | (66~67쪽)

내 뿔은 송곳 모양으로 나이를 먹을 때마다 고리 모양으로 변해. 나는 워낙 험한 바위산에 살기 때문에 지금까지 살아남았어. 인간 때문에 위기에 처할 줄은 정말 몰랐어. (산양)	대한민국 사람들은 우리를 참 사랑해요. 우리를 귀하게 여길 만해요. 우리가 있어 지리산 생태계가 잘 돌아가죠. 하지만 문제는 바로 사람들! 그 험한 데까지 대체 왜 오는 거죠? (반달가슴곰)
나는 1940년까지는 도시에서 쉽게 잡을 수 있었어요. 하지만 산업화, 도시화로 인한 환경 오염 때문에 살 곳이 사라졌어요. 나랑 친구들은 어느새 멸종 위기 1등급이 되어버렸고요. (꼬치동자개)	내가 아무리 말해도 꼭 숨어서 마구 헤집고 다니다가 우리 같은 멸종 위기 식물들을 다 밟거나 뽑는 사람들이 있어. 게다가 무식하게 뿌리째 뽑아 간다고! 진짜 진짜…. (세뿔투구꽃)

8. [정답]

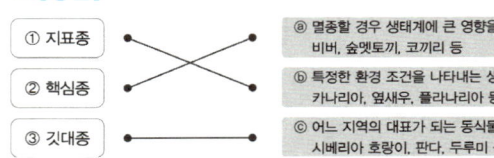

① 지표종 — ⓑ 특정한 환경 조건을 나타내는 생물. 카나리아, 옆새우, 플라나리아 등
② 핵심종 — ⓐ 멸종할 경우 생태계에 큰 영향을 주는 동물. 비버, 숲멧토끼, 코끼리 등
③ 깃대종 — ⓒ 어느 지역의 대표가 되는 동식물의 종류. 시베리아 호랑이, 판다, 두루미 등

9. [정답] | 비무장 지대(DMZ) (72쪽)

책을 깊게 읽는 아이들(28~29쪽)

1. [예시답]
(1) ㉠ : 갯벌과 습지처럼 생태계는 모두 하나로 연결되어 있다. 따라서 한 생태계에 문제가 생기면 지구 전체에 영향을 줄 수 있다. 그 예로 바다 쓰레기가 바다 생물뿐만 아니라 바다를 터전으로 살아가는 어부들과 그 바다 생물을 먹고 사는 모든 사람에게 악영향을 끼칠 수 있다.

(2) 밑줄 친 ㉡의 원인과 결과 : 빙하가 녹는 원인은 지구 온난화. 결과는 지구 온도 상승으로 인해 기후 변화를 겪을 뿐만 아니라 사람들을 포함하여 관련된 동물들이 피해를 입는다. 그 예로 대기와 해수 순환의 불균형으로 인한 이상 기온(폭염, 혹한, 가뭄, 폭우 등) 지구 전체가 식량난에 빠질 수도 있다. 또한 해수면의 상승으로 생태계 교란 등 지구에 돌이킬 수 없는 대재앙 사태가 올 수 있다.

[길라잡이]
이 문제는 비문학 읽기에서 문단 간의 관계를 통해 인과 관계를 생각할 수 있는 문제이다. 주어진 지문에서 인과 관계를 추론하여 폭넓은 사고력을 증진시킬 수 있다. (42~43쪽)

2. [예시답]
천적은 자연에 살고 있는 생물의 개체수를 조절하고, 생태계의 균형을 유지할 뿐만 아니라 생물의 다양성을 유지하고, 농작물 보호 등 매우 중요한 역할을 할 수 있다. (46~47쪽)

[길라잡이]
천적이란 먹이 사슬에서, 잡아먹히는 생물에 대하여 잡아먹는 생물을 이르는 말이다. 천적의 역할은 크게 세 가지이다. ① 생태 균형 유지 : 천적은 생태계 내에서 먹이 집단을 조절하는 역할을 하므로 종의 과잉 번식을 방지한다. ② 생물의 다양한 개체수 유지 : 먹이 사슬은 생물 다양성을 유지하는 데 중요한 역할을 한다. ③ 농작물 보호 : 일부 천적은 해충의 개체수를 제거하여 농작물의 피해를 줄일 수 있다. 따라서 천적은 농작물 생산성과 수확량을 유지하는 데 큰 도움을 준다.

3. [예시답]
비무장 지대는 3억 평에 이른다. 이곳은 황무지였지만 1953년부터 70년 동안 사람들의 발길이 끊긴 지역이다. 그런데 현재 생태 천국으로 변했다는 말은 자연의 회복력을 그대로 보여 주었다고 할 수 있다. 비무장 지대에는 현재 멸종 위기에 처한 100여 종의 식물과 2,800종의 동식물이 서식하고 있다. 이를 통해 사람들은 무분별하게 개발하지 않고 다만 생태계를 파괴하지 않으려고 노력만 한다면 제6의 대멸종 시대는 오지 않을 것이라고 생각한다. (73~74쪽)

[길라잡이]
제인 구달 박사는 자연의 회복력과 인간 노력의 위대함을 믿을 때 제6의 대멸종을 막아 낼 수 있다고 했다. 이 말을 가장 잘 증명해 보인 곳이 비무장 지대(DMZ)이다. 생태계가 살아난 이유를 지문 속의 문장을 근거로 타당한 답변을 끌어낼 수 있도록 지도한다.

4. [예시답]
멸종 위기종을 관리하는 가장 큰 이유는 생물 한 종이 사라져도 사람들에게 영향을 미칠 수 있기 때문이다. 사람도 생물이기 때문에 반드시 다른 생물이나 주위 환경에 의지하면서 살아가야 한다. 인간도 생태계가 보존되어야 자연 속에서 잘 살아갈 수 있기 때문이다. 그러므로 사람을 위해서라도 생물의 다양성을 유지하고 생태계를 보존해야 한다. (80~83쪽)

[길라잡이]
동식물은 절대 혼자 살아갈 수 없다. 사람도 생물이기 때문에 반드시 다른 생물이나 주위 환경에 의지해 살아가야 한다. 생물의 다양성을 지켜 생태계가 보존되어야 인간도 잘살 수 있다. 멸종 위기종을 살리기 위해서라도 생태계 보존을 우선시해야 한다는 것을 이야기해 본다.

책을 내 것으로 만드는 아이들(30~31쪽)

1. [예시답]
사람들은 다른 동물이 사람에게 어떤 영향을 미치는지는 생각하지 않고 눈앞의 이익만을 생각하고 행동한다. 요즘은 먹거리로 필요한 것보다 훨씬 많은 동식물이 죽어가고 있다. 단순히 사람들의 취미나 멋을 위해 동물을 죽이기도 하고 자신의 돈벌이를 위해 동물들을 함부로 잡아 약으로 만들어 팔기도 한다. 예를 들어 스쿠알렌이라는 물질을 뽑아 화장품으로 만들고 있어서 상어 역시 얼마 못 가 멸종할지도 모른다. 그뿐만 아니라 기술의 발전으로 미래의 일을 생각하지 않고 새끼 물고기를 포함하여 한 배 가득 물고기를 잡아들인다. 인간의 이기심이 자연 생태계를 파괴하는 것이다. 사람들의 이러한 무분별한 포획을 당장 멈추지 않으면 지구의 대멸종의 시대는 머지않아 다가올 것이다. (52~59쪽)

[길라잡이]
교사나 학부모는 학생들에게, 자연과 인간은 서로 공존하고 공생해야 하는데 오로지 인간의 욕심과 이기심이 낳은 결과가 어떠한지를 물어보고 인간의 이기심에 대해 논리적으로 비판할 점을 찾아 글로 쓸 수 있도록 지도한다.

2. [예시답]
황소개구리 문제도 자연의 문제이므로 일단 자연이 해결하도록 지켜본다. 인위적으로 사람들이 해결하려다 더 큰 해를 낳은 사례가 많기 때문이다. 미국 캘리포니아 '비스 호수의 파이크' 사례 등을 보더라도 인위적인 대처는 자칫 잘못하면 자연에 더 커다란 피해를 입힐 수 있다. 또한 시간이 걸리더라도 자연은 또 다른 천적을 만들어 생태계의 새로운 먹이 사슬로 이어질 것이다. (60~61쪽)

[길라잡이]
자기주장에 대해 타당한 이유를 들어 말할 수 있도록 이끌 필요가 있다. 이때 다음 사항이 근거가 될 수 있을 것이다.

적극적 대처가 필요하다.	자연이 해결해야 한다.
① 황소개구리 수가 더 증가하기 전에 하루빨리 잡아 없애야 한다.	① 자연의 문제이므로 일단 자연이 해결하도록 지켜본다.
② 천적이 없으므로 그 수는 엄청나게 증가하여 주변의 생태계를 파괴할 것이다.	② 인위적으로 사람들이 해결하려다 더 큰 해를 낳은 사례가 많다.(예, 미국 캘리포니아 '비스 호수의 파이크' 사례 등)
③ 그로 인해 주변 농가의 피해는 엄청 날 것이다. 빠른 대처가 필요하다..	③ 시간이 걸리더라도 자연은 또 다른 천적을 만들어 생태계의 새로운 먹이 사슬로 이어질 것이다.
④ 지방자치 단체가 단기 일자리를 제공하여 저소득층에 도움을 줄 수 있다.	④ 사람들의 이기심으로 들여왔기 때문에 시간과 돈을 투자해서 사람들이 책임져야 할 행동이다. 등등…….
⑤ 자연이 해결하기에는 시간이 너무 많이 걸린다. 등등…….	

3. [예시답 1]
관광지로 개발하는 것이 옳다.
비무장 지대는 자연이 되살아나는 과정을 그대로 볼 수 있어서 학문적으로 중요하고 우리가 보지 못한 새로운 동물들을 볼 수 있다. 그리고 외국인들에게도 많은 관심을 받을 수 있고 우리나라를 세계에 알릴 기회가 될 수 있다. 따라서 관광 명소로 개발하면 많은 관광객을 유치할 수 있다. 그리하여 지역, 국가 경제에도 도움이 될 것이다. 무엇보다도 북한과의 교류가 잦아져 서로 동질감을 느낄 수 있고, 통일 후의 대한민국의 위상을 높일 수 있으므로 개발하는 것이 옳다.

[예시답 2]
관광지로 개발하는 것은 옳지 않다.
사람들의 발길이 닿으면 비무장 지대가 빠른 시간 안에 훼손될 가능성이 크다. 멸종 위기의 동식물들은 말할 것도 없고, 환경 오염이 심해지고 예상하지도 못한 외래종이 들어와 생태계 혼란을 가져올 수 있다. 지난 50년간 인간의 간섭없이 살아오다가 1990년대에 국방부는 민통선 안의 주민들에게 농사를 지을 수 있게 했는데, 그 결과 산림이 줄어들고 생태계가 훼손되었다는 것만 보아도 관광지로 개발하는 것은 옳지 않다. 군사 지역이었던 곳임을 생각한다면 예상하지 못한 곳에서 지뢰가 터질 경우 사람들이 피해를 입을 수 있으므로 관광지로 개발하는 것은 옳지 않다.

[길라잡이]
정해진 답이 있는 것이 아니므로 어느 쪽이든 설득력 있는 반론과 반박을 통해 자신의 주장이 더욱 설득력을 갖추었다는 것을 보여 주도록 한다. 또한 타당한 근거와 적절한 많은 근거는 주장하는 이의 신뢰감을 한층 더 높일 수 있다는 점을 잊어서는 안 된다. (78~79쪽 토론)

4. [예시답]
  *억울함 : 황소개구리 – 사람들은 우리를 먹기 위해 식용으로 들여왔어. 하지만 잘 팔리지 않자 우리로는 돈벌이가 되지 않는다며 저수지에 풀어 줬어. 그런데 그곳에는 나의 천적이 없는 거야. 그래서 저수지는 우리들의 세상이었지. 우리는 먹을 것이 없자 물고기뿐만 아니라 새도 잡아먹었어. 그런데 사람들은 우리가 생태계를 파괴한다고 마구 잡아 없애려고 해. 처음부터 우리가 생태계에 미칠 영향을 생각해서 들여와야지. 이제 와서 우리가 못된 천덕꾸러기가 되었다고 하는 것은 정말 억울해.

  *경고장 : 참새 – 옛날 중국에서는 벼 수확량을 늘리기 위해 나를 바로바로 잡아버렸지. 하지만 그해 벼 수확량은 확 줄었어. 사람들은 내가 해충도 잡아먹는다는 것을 몰랐던 거야. 인간을 비롯해 지구 모든 생물은 서로 연결되어 있다고. 그러니 함부로 대해서는 안 된다고 생각해.

[길라잡이]
먼저 멸종 동물이나 멸종 위기 동물 하나를 선택하게 한다. 그 동물의 억울함, 경고장, 바라는 점 중에서 한 가지만 선택하여 글로 쓸 수 있도록 이끌어 준다.

5. [예시답]
  – 함부로 식물을 캐거나 동물을 잡지 않는다.
  – 멸종 위기 동식물에 대해서 관심을 갖는다.
  – 쓰레기나 오염된 물건을 함부로 버리지 않는다. 등.

[길라잡이]
책을 다 읽고 난 후 자신이 할 수 있는 일에는 무엇이 있을지 자유롭게 발표하면서 다시 한번 멸종 위기의 동물에 대해 생각해 볼 필요가 있다.

아이들을 위한 PSAT와 LEET(32~33쪽)

1. [정답] | ③ (31쪽)
[길라잡이]
사실 부합 여부를 묻는 문제임과 동시에 동물원의 진정한 역할을 생각해 보는 문제이다. 지문을 잘 읽고 이해하면 답을 선택하는 데 어려움은 없을 것이다. 제시문 안에 "동물들에게 단순히 먹이를 주고 잠잘 곳을 마련해 주는 것에 그치지 않고"라고 나와 있다. 따라서 ③은 정답과 거리가 멀다고 할 수 있다. 그러나 ① ② ④ ⑤는 제시문 속에서 확인할 수 있다. 동물원이 단순히 먹이를 주고 잠잘 곳을 마련해 주는 것에 그치지 않고, 야생 본능을 펼칠 수 있도록 최대한 도와주어 동물들이 본성을 갖고 살아 갈수 있도록 도와주는 곳이 가장 바람직한 동물의 역할이다.

2. [정답] | ④ (70쪽)
[길라잡이]
제시문 전체를 요약하는 문제로서 다른 내용들을 포괄하는 상위어를 이용한 문제라고 할 수 있다. 대상의 구체적인 정보들을 포함하는 상위어를 찾으면 쉽게 해결할 수 있다. 제시문은 지표종의 개념과 지표종의 특징을 설명하고 있다. 따라서 정답은 ④ 지표종의 개념과 역할이다. ①의 '지표종의 종류'는 마지막 문장 하나에서만 나오는데 그것이 앞의 문장들을 포괄한다고 말하기 어렵기 때문에 정답과 거리가 멀고, ②는 지표종에 대한 설명의 하위 개념이며 지표종의 한 가지 사례일 뿐이므로 정답이 아니다. 그런 점에서 ③과 ⑤도 마찬가지이므로 정답과 거리가 멀다. 특히 ⑤는 지표종의 하나인 카나리아의 특징을 잘 설명한 문장이라고 할 수 있다.

3. [정답] | ②
[길라잡이]
이 문제는 제시문을 읽고 전체를 포괄하는 중심 문장을 찾는 문제라고 할 수 있고 다른 측면에서는 전체를 일반화하는 논리적인 문제라고도 할 수 있다. 제시문의 중심 문장은 글 전체의 핵심이 되는 문장이다. 이 글의 핵심은 코끼리의 똥이 아프리카의 생태계를 지킨다는 것인데, 이에 해당하는 문장이 중심 문장이다. 따라서 ②가 정답이다. ①은 코끼리 일반에 대한 문장으로서 제시문과는 거리가 멀다. ③은 동물이라 해서 오답이다. 정답이 되려면 식물을 포함한 생태계 일반이 되어야 한다.

④와 ⑤는 초식 동물, 육식 동물의 생태계를 유지시켜 주는다는 것은 전체의 일부이므로 중심 내용이라고 할 수 없다. 따라서 정답이 아니다.

4. **[정답]** | ③ (68쪽)
   [길라잡이]
   이 문제도 제시문 전체의 내용을 간단하게 요약하는 문제로서 글 전체를 일반화하는 논리적인 문제라고 할 수 있다. 제시문의 주제는 글의 내용을 모두 포함하고 있는 것이어야 한다. 이 글은 앞 부분에서는 깃대종의 종류를 설명하지만 그것을 근거로 "멸종 위기에 처한 동식물을 보호하는 가장 좋은 방법은 그들(깃대종)이 사는 생태계를 온전하게 보존하는 것"임을 이야기하고 있고 그 뒤 문장은 그 근거로 '생태계가 무사하다는 증거'를 이야기하고 있다. 따라서 이 글의 주제는 '깃대종 보존의 중요성'이라고 할 수 있다. 그러므로 ③이 정답이다. ①을 정답으로 선택한 학생들도 많을 텐데, ①이 정답이 아닌 이유는 제시문이 깃대종의 종류를 두루 설명하지 않고 유명한 깃대종 보존이 생태계 보존의 척도임을 주장하기 위한 사전 설명일 뿐이기 때문이다. ②의 '생태계의 중요성'은 전혀 잘못된 답변은 아니지만 제시문의 핵심어인 '깃대종'이 빠져 있어서 너무 넓은 개념이어서 정답이 아니다. ④는 깃대종 중에 멸종 위기에 처한 동물도 있지만 제시문에는 명확하게 나오지 않는다. 따라서 정답이 아니다. 그리고 ⑤의 '세계적으로 유명한 깃대종'으로 판다나 코알라가 제시문에 나오기는 해도 그것이 전체의 핵심은 아니므로 정답이라고 할 수 없다.

서찰을 전하는 아이

책을 펴는 아이들(35쪽)

1. **[정답]**
   1. 야박하다 2. 밀고 3. 봉기 4. 군수 5. 의기양양
   6. 신출귀몰 7. 보부상

2. **[정답]**
   ① - ◯ ② - ✖ ③ - ◯ ④ - ◯ ⑤ - ✖ ⑥ - ✖
   [길라잡이]
   동학(東學)은 훗날 동학의 3대 교주 손병희가 천도교(天道敎)로 이름을 바꾸었다.

책을 다시 읽는 아이들(36~37쪽)

1. **[정답]** | 아버지가 하고자 했던 일을 대신 하기 위해.
   [길라잡이]
   주인공은 아버지가 전하지 못한 서찰을 전해야 한다는 목적이 생기자 바로 행동으로 옮겼다. (32쪽)

2. **[정답]**
   서찰의 내용을 아무도 알아서는 안 되었기 때문에.
   [길라잡이]
   책에는 다음과 같이 나와 있다. "아버지의 말을 따르자면 서찰은 절대로 다른 사람이 봐서는 안 되었다. 잘못되면 위험한 상황에 처할 수도 있었다." (17쪽)

3. **[정답]**
   주인공은 두 글자 혹은 세 글자씩 외워서 사람들에게 대가를 치르고 그 뜻을 하나하나 알아간다.
   [길라잡이]
   한 번에 여러 자를 보였다가는 서찰의 내용을 들킬 수도 있으니, 한 사람에게 몇 글자의 뜻만 가르쳐 달라 하고, 또 다른 사람에게 다음 글자들의 뜻을 알아내는 것이 좋겠다고 생각했다. (40쪽)

4. **[정답]**
   주인공은 노래를 잘 부른다. / 사람의 마음을 어루만지는 노래를 부를 수 있었다.
   [길라잡이]
   주인공의 노래를 들은 모든 사람이 노래를 잘한다고 말한다. "네 소리에 정말 약이 들어 있구나. 굳었던 내 몸이 녹는 것 같다. 신기한 일이구나." (94쪽~95쪽 김 진사 어른), "아이야. 네 노래에 정말 약이 들어 있구나." (158쪽 녹두 장군)

5. **[정답]**
   "너무 비싸도 안 되고, 또 너무 싸면 글자를 쉽게 잊어버리게 될 것 같아 이 정도 매긴 것입니다."라고 말했다. (65쪽)
   [길라잡이]
   "나는 보부상의 아들이었다. 책 장수 노인한테처럼 두 자에 두냥을 주고 싶지는 않았다. 한 번 경험을 했으니 지난번보다는 값을 깎아야 된다고 생각했다." (55쪽)

6. **[정답]**
   "저에게 한자를 가르쳐 주시면 노래를 불러 드리겠습니다." (79쪽)

7. **[정답]**
   嗚呼避老里敬天賣綠豆
   (오 호 피 노 리 경 천 매 녹 두) (80쪽)
   [길라잡이]
   이 말은 "슬프도다. 피노리에 사는 경천이 녹두 장군을 파는구나."라는 의미이다. 노스님이 훗날 전봉준 대장에게 일어날 일을 미리 알고, 아버지를 시켜 알리고 싶었던 것이다. (105쪽)

8. **[정답]**
   "동학 농민군의 대장, 전봉준이 녹두 장군이다. 몸집이

녹두처럼 작다고 사람들이 그렇게 부른다."
[길라잡이]
101쪽에서 "아저씨, 녹두 장군이 누구예요?"라고 묻자 위와 같이 말한다.

9. [정답]
전봉준은 함께 큰일을 도모하는 동지들은 서로 믿어야 한다고 생각했다.
[길라잡이]
"왜 여기 오셨어요? 피노리에 오면 안 된다고 했잖아요."
"아이야, 내가 나와 함께한 동지도 믿지 못한다면 무슨 일을 할 수 있겠느냐?" (155쪽)

10. [정답]
〈새야 새야 파랑새야〉 "아이야, 네 노래에 정말 약이 들어 있구나." (158쪽)
[길라잡이]
노래를 들은 녹두 장군은 다시 허리를 세우고 팔과 다리를 곧게 편 채 들것에 앉았다. 그 기상이 동학 농민군 총대장다웠다. (158쪽)

책을 깊게 읽는 아이들 (38~39쪽)

1. [예시답]
양반이 한문을 가르쳐 주지 않을 것이라고 생각한 이유
한문은 양반의 것이고, 봇짐장수는 물건을 사고파는 일만 해야 한다고 생각했기 때문이다.
당시 조선 사회 양반들의 모습
조선 시대의 양반은 사람은 각자의 본분이 정해져 있으니, 양반이 아닌 사람들(중인, 상민, 천민)이 감히 지체 높은 양반을 흉내 내서는 안 된다고 생각했다.
[길라잡이]
모든 양반이 그렇지는 않겠지만 주인공은 '양반이라면 봇짐장수의 아이가 감히 한문을 알려 한다고 화를 낼 것'이라고 생각한다. 이것을 근거로 조선 시대의 반상(양반과 상민) 차별의 신분 제도를 엿볼 수 있다.

2. [예시답]
천주학을 위험한 학문이라고 생각한 이유 : 천주학은 모든 사람이 평등하며, 양반과 천민 구분이 없다고 하였다.
천주학을 박해한 이유 : 그런데 신분 사회인 조선의 양반들은 천주학이 신분의 구분이 사라지는 위험한 세상을 만들 수 있다고 생각했을 것이다.
[길라잡이]
1번에서 이야기 나눈 양반들의 생각을 바탕으로 2번 문제를 다시 읽어보도록 유도한다.

3. [예시답]
백성들은 임금과 관군들을 좋지 않게 생각했다. 백성들은 임금과 관군들을 원망하고 있음을 알 수 있다.
[길라잡이]
『서찰을 전하는 아이』 뒷부분에 실린 '동화로 역사 읽기'에서도 당시 사회 모습이 설명되어 있다. (고분고분 말을 듣던 농민들이 봉기하자, 양반들은 청나라 군대를 끌어들여서라도 양반 자리, 임금 자리를 지키고 싶어 했다.)

4. [예시답]
주인공이 말하는 '한 사람'은 동학 농민 운동군을 지휘하고 있는 전봉준이다. 전봉준을 구하면 세상을 살릴 수도 있다는 의미이다.
[길라잡이]
전봉준은 수많은 농민들과 함께 모든 사람이 편안하게 사는 나라를 만들려 했다. 그런 녹두 장군을 '경천'이라는 자가 밀고하려 하니, 그것을 막으려는 주인공은 전봉준을 구하면 세상을 살릴 수 있다고 생각했을 것이다.

5. [정답]
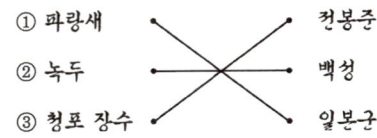

[길라잡이]
파랑새는 당시 푸른 제복을 입었던 일본군을 뜻한다. 녹두는 키가 작았던 전봉준의 별명이었다. 녹두밭은 전봉준과 동학 농민군을 뜻하고 청포 장수는 백성이다. 청포 장수가 울고 간다는 가사에서 당시 백성들이 전봉준을 많이 사랑했음을 알 수 있다.

책을 내 것으로 만드는 아이들 (40~41쪽)

1. [예시답 1]
나는 공주로 향한다. 왜냐하면 그것이 아버지의 뜻이었고 아버지가 못했던 일을 마무리할 수 있기 때문이다.
[예시답 2]
나는 잠시 때를 기다린다. 공주로 가는 군사들이 많아 위험하니, 다른 방법을 찾을 것이다.
[길라잡이]
교사나 학부모는 문제의 의도와 관련해서는 다음과 같은 질문을 해도 좋을 것이다. "주인공이 위험을 감수하는 이유는 무엇일까? 아이가 제일 중요하게 생각한 것은 무엇일까? 왜 우리는 위험을 피하려고 할까?" 이와 같은 질문은 아이들의 주장과 근거를 확실하게 해 줄 수 있다.

2. [예시답]
자신이 가야 할 길을 안다는 것이 중요한 이유 : 가야 할 길을 안다는 것은 목표가 있다는 뜻이다. / 목표가 있으면 자신이 무엇을 해야 하는지 알 수 있기 때문이다.
그 길을 잃지 말라고 한 뜻 : 그 일을 실제로 한다는 것은 자신의 일에 확신을 가졌다는 것을 뜻하니 그 마음을 끝까지 가져가야 한다는 뜻이다. / 방해를 이겨내고 목표를 이루라는 의미이다.
[길라잡이]
아이들이 질문을 어려워하면 "자신이 가야 할 길을 안다는 것은 어떤 뜻일까? 그것을 알면 좋은 점은 무엇일까?" 하고 물을 수 있다. 길을 잃지 말라고 말한 천주학 어른은 아이의 목표가 옳다고 생각했을 것이다.

3. [예시답]
작가가 인물을 강조하지 않은 까닭은 그 시대에 같은 마음으로 헌신한 수많은 사람들에 대한 이야기하고 싶었기 때문일 것이다.
[길라잡이]
책 속의 천주학 어른이나 다른 인물들처럼 평등한 세상을 꿈꾸며 목숨을 걸고 투쟁한 사람들은 많지만, 우리들이 기억하는 인물은 몇 되지 않는다. 그 시대에 같은 마음을 가진 모든 사람이 주인공이었을 것이다.

4. [예시답]
주인공이 행복한 이유 : 자신이 해야 할 일을 확실하게 알고 행하기 때문이다.
주인공과 비슷한 행복감을 느꼈을 인물 : 독립을 위해 싸운 안중근, 윤봉길, 유관순과 이름 모를 독립운동가들이다. 이들도 위험하지만 나라와 백성을 위해서 일했기 때문에 행복했을 것이다.
[길라잡이]
안중근, 유관순, 이순신, 김구, 전태일 등. 나라와 백성을 위해 자신의 목숨을 걸로 큰 뜻을 품었던 인물들을 찾아본다. (이는 3번 질문과도 자연스럽게 연결된다.)

5. [예시답]
녹두 장군을 구함으로써 평등한 세상을 꿈꾸었던 주인공은 그것이 실패했음을 알고 실망했다. / 노스님과 아버지의 마음이 확실하게 전해지지 않아 백성의 희망이었던 녹두 장군이 잡힌 사실이 속상했다. / 피투성이의 모습으로 일본군에 끌려가는 모습에 마음이 아팠다. / 내 노래로 장군님이 빨리 회복해서 다시 큰 일을 할 수 있으면 좋겠다. 등.

 아이들을 위한 PSAT와 LEET(42~43쪽)

1. [정답] | ③
[길라잡이]
신중하다는 말은 매우 조심스런 성격이란 뜻인데, 해당 제시문에서 주인공은 아버지의 말을 되뇌이며, 자신이 해야 할 일을 곰곰이 생각한다는 것을 알 수 있다. 여러 상황을 상상하며 일어날 일을 미리 예측하는 등 신중하게 검토하는 모습이다. 따라서 ③이 정답이다. 배려심이 많다는 말은 남을 도와주거나 보살펴 주려는 마음인데 제시문은 남을 향한 마음이 아니라 서찰을 제대로 전달하기 위한 고민을 담고 있다. 따라서 ①은 정답이 아니다. 차분하다는 말은 마음이 가라앉아 조용하다는 뜻이어서 제시문의 주인공이 조용히 앉아 골똘히 생각하는 모습으로 차분한 성격이라고 생각하기 쉽다. 하지만 주인공은 단순히 조용히 있는 것에 그치지 않는다. 자신의 행동에 대한(예컨대 여러 개의 글자를 보였을 경우) 결과를 예측하고, 행동을 결정하는 모습이 매우 신중하고 조심스런 모습이어서 ②는 정답과 거리가 멀다. 겸손하다는 말은 다른 사람을 존중하고 자기를 내세우지 않는 태도를 말하는데, 제시문은 태도를 나타내는 말이 없다. 따라서 ④도 정답이 아니다. 공평하다는 말은 어느 쪽으로도 기울어지지 않음을 뜻하는데, 주인공은 어떤 사람이나 주장을 편드는 것이 아니라 서찰을 잘 전달하기 위한 방법을 찾을 뿐이다. 따라서 ⑤도 정답이 아니다.

2. [정답] | ③
[길라잡이]
주어진 문장들의 근거를 추론하는 추론 문제이다. 제시문에서 아이는 녹두 장군에게 노스님이 아버지에게 맡긴 서찰을 건넨다. 그런데 아버지가 돌아가셨으면 서찰을 가져오지 않아도 될 터인데 주인공이 서찰을 가지고 왔다는 것은 그만큼 서찰의 내용이 중요하다는 것을 뜻한다. 다시 말하면 그 "서찰을 녹두 장군에게 전해야 한다"는 것이다. 따라서 정답은 ③이다. 아이에게 중요한 것은 서찰을 전하는 것일 뿐 녹두 장군에게 따로 할 말은 없다. 그러므로 ①은 정답이 아니다. 노스님은 '나'가 아니라 아버지를 믿고 서찰을 맡겼다. 따라서 ②도 정답은 아니다. 아버지가 돌아가셔서 무척 슬프겠지만 문맥상 아버지의 죽음은 중요한 것이 아니며, 죽음을 슬퍼한다는 말은 제시문에 나오지 않는다. 따라서 ④도 정답이 아니다. 그리고 제시문만으로는 아버지가 아들인 나에게 서찰을 전해 달라고 부탁했는지 아들인 내가 알아서 판단했는지는 잘 모른다. 따라서 ⑤도 정답이 아니다. 전체 맥락상 돌아가신 아버지도 서찰이 중요하다고 생각했고, 노스님는 아버지가 그 서찰을 녹두 장군에게 전해 줄 것이라고 믿었을 것이다. 따라서 아버지의 아들인 나는 중요한 서찰이니만큼 반드시 녹두 장군에게 전해야 한다고 생각했을 것이다.

3. [정답] | ④
[길라잡이]
그림을 그리듯이 표현한 글을 묘사라고 한다. 따라서 정답은 ④이다. 대조는 둘 이상인 대상의 내용을 맞대어 같고 다름을 검토하는 방법인데, 지문에는 둘 이상의 내

용을 비교한 부분이 없다. 따라서 ①은 정답이 아니다. 예시는 말 그대로 예를 들어 보는 방법인데, 제시문에는 구체적으로 예를 들어 설명한 부분이 없다. 따라서 ②도 정답이 아니다. 인과(因果)란 원인과 결과를 뜻하는데, 제시문에는 원인과 결과로 이어지거나, 한 사건의 이유에 해당하는 부분이 없다. 따라서 ③도 정답이 아니다. 분석은 개념이나 문장을 더욱 단순한 개념이나 문장으로 나누어 그 의미를 명료하게 하는 방법인데, 제시문은 개념이나 문장을 설명하는 것이 아니라 한 장면을 그림을 그리듯이 구체적으로 묘사한 문장이다. 따라서 ⑤도 정답이 아니다.

4. **[정답]** | ②
[길라잡이]
가렴주구(苛斂誅求)는 빼앗을 [가] / 거둘 [렴] / 벨 [주] / 구할 [구]의 한자로 지방 관리들이 혹독하게 세금을 거두어들이고 재산을 빼앗아 가서 백성들이 살기 힘든 정치적 상황을 나타내는 말이다. 1894년 당시 전라도 고부의 군수였던 조병갑은 악랄한 탐관오리로 백성들을 착취하였고, 이에 분노하여 백성들이 봉기한 것이다. 따라서 정답은 ②이다. 자중지란(自中之亂)은 '같은 편끼리 하는 싸움'으로 자기편 가운데서 일어나는 혼란스런 상황을 말하는데 제시문에는 그런 부분이 없다. 따라서 ①은 정답이 아니다. 유유상종(類類相從)은 '같은 무리끼리 모이고 서로 따른다'라는 뜻으로, 비슷한 사람들끼리 어울림을 의미한다. 탐관오리는 탐관오리끼리 모이겠지만, 제시문에는 조병갑 한 사람을 언급하고 있고 궁궐에 있는 놈들이 끼리끼리 모이는지 자중지란을 일으키는지는 알 수 없다. 따라서 ③도 정답이 아니다. 각골난망(刻骨難忘)은 '은혜를 입은 고마움을 뼈에 깊이 새겨 잊지 않는다'는 뜻으로 커다란 은혜를 잊지 않고 있다는 의미이다. 제시문에는 은혜는 전혀 언급되지 않는다. 따라서 ④도 정답이 아니다. 이구동성(異口同聲)은 입은 다르나 목소리는 같다는 뜻으로 여러 사람의 말이 한결같이 일치함을 의미하는데, 동학도들이 이구동성으로 조병갑을 비난했으면 그것이 답이겠으나 제시문은 탐관오리를 비난하는 장면만 나오므로 ⑤도 정답이 아니다.

함께 사는 다문화 왜 중요할까요?

 책을 펴는 아이들(45쪽)

1. **[길라잡이]**
체크를 많이 할수록 편견이 많은 것이다. 아이들에게 왜 이런 행동을 하면 안 되는지 어떻게 하는 것이 옳은지 생각해 보게 한다.

2. **[정답]**
① 다양성 ② 차별 ③ 편견 ④ 귀화 ⑤ 문화 ⑥ GDP
⑦ 관용 ⑧ 양극화 ⑨ 세계화
[길라잡이]
GDP(Gross Domestic Product)란 국내 총생산을 가리키는 말로, 한 나라 안에서 가계, 기업, 정부 등 모든 경제 주체가 일정 기간 생산한 재화(상품) 및 서비스의 부가 가치를 시장 가격으로 평가하여 합산한 것이다.

책을 다시 읽는 아이들(46~47쪽)

1. **[정답]** | 국제 연합(UN, 유엔) 회원국 기준으로 193개
[길라잡이]
유엔 회원국이 아닌 팔레스타인과 바티칸 시국을 합치면 195개이다. 대한민국은 1991년에 유엔에 가입했다.
2. **[정답]** | 학교에 다니는 것이다.
3. **[정답]** | 문화 상대주의
4. **[정답]** | 환경 파괴를 어떻게 막을 것인가.
5. **[정답]** | 머리가 나빠서가 아니라, 노예와 식민지 시대를 겪으면서 교육 혜택이나 경제적 기회를 잃었기 때문이다.
6. **[정답]** | 다문화 가정
7. **[정답]** | 널리 인간을 이롭게 하라.
8. **[정답]** | 공존 / 조화 / 지구 / 마을
9. **[정답]** | 다름과 차이를 인정하고 상대방과 소통하는 능력을 갖춘 사람들이 이끌어야 한다.
10. **[정답]** | 관용의 자세로 다른 문화와 민족을 받아들이고 화합하는 법을 배워야 한다.

책을 깊게 읽는 아이들(48~49쪽)

1. **[예시답]** | 인종은 우열이 없고 차이만 있기 때문이다.
[길라잡이]
아이들에게 "어느 민족, 어느 인종이기 때문에 어떠할 것이다."라고 판단하는 것은 편견일 경우가 많다는 것을 설명한다. 또한 인종만으로 누가 더 우월한지는 판단할 수 없고 다만 왜 차이가 나타나는지를 조사, 탐구하는 것이 가치가 있을 뿐이라고 지도한다.

2. **[예시답]**
성인이 된 뒤에 국적을 바꾸기도 하기 때문이다. / 귀화(歸化)할 수 있기 때문이다. / 이중 국적이라면 하나를 포기할 수도 있다.
[길라잡이]
국적은 한 나라의 구성원이 되는 자격을 말한다. 대부분 부모님의 국적(대한민국)이나 태어난 곳(미국)에 따라 국적이 정해지지만 성인이 되면 스스로 국적을 선택할

수 있다. 귀화할 수도 있다.

3. [예시답]

긍정적인 영향
예 – 머나먼 이웃들의 어려움과 고통을 가까이에서 느낄 수 있기 때문에 쉽게 도울 수 있다. / 좋은 상품이라면 국내뿐만 아니라 외국에서 팔 수도 있고, 외국의 좋은 상품을 쉽게 구입할 수도 있다. 등.

부정적인 영향
예 – 국경을 마음대로 넘나드는 돈 때문에 개인이나 국가가 이익을 좇아 움직이는 사이에 나라 경제와 개인 경제가 불안정해질 수 있다. / 우리나라 사람들이 잘 지낸다고 하더라도 외국의 정치 경제가 불안해지면 우리나라 역시 쉽게 불안해질 수 있다. 등

[길라잡이]
세계화를 무조건 부정적으로 생각하거나 무조건 긍정적인 시선으로만 바라볼 필요는 없다. 세계화의 긍정적인 부분은 어떻게 받아들이고 우리의 삶에 어떤 식으로 적용할지, 부정적인 면은 어떤 방향으로 개선할지 고민해 볼 수 있도록 지도한다.

4. [예시답]
국민들은 겉모습이 아닌 속이 성숙해야 하며, 가난하고 소외된 사람들을 배려하고 따뜻하게 품어 주어야 한다.

[길라잡이]
인종을 차별하거나 가난한 나라 출신이라고 무시하는 나라는 진정한 선진국이 될 수 없다.

책을 내 것으로 만드는 아이들(50~51쪽)

1. [예시답]
탕후루, 마라탕을 좋아하는 친구들. / 외국인 친구가 BTS를 좋아함. / 한국 김이 맛있다고 많이 사간 외국인. / 외국 제품을 온라인을 통해 직접 구매하는 경우 등

[길라잡이]
주변에서 찾을 수 있는 다른 나라 문화나 음식 등을 찾아보게 한다. 또 반대로 우리나라 문화나 음식 등이 다른 나라에서 인기가 높아진 경우도 찾아본다. 그걸 보는 아이들의 기분은 어떤지, 우리나라의 어떤 것이 세계화를 타고 유명해졌으면 좋겠는지 이야기를 나누어 본다.

2. [예시답]
① 부시 대통령이 김치 냄새가 싫다며 아웃백 식당에서 식사한 것은 김치를 안 먹었던 사람이니 그럴 수 있다고 생각한다. 왜냐하면 먹어 본 적 없는 낯선 음식 냄새가 힘들 수도 있기 때문이다.
② 부시 대통령이 김치 냄새가 싫다며 아웃백 식당에서 식사한 것은 우리나라의 문화를 존중하지 못한 태도이므로 예의 없는 행동이라고 생각한다. 왜냐하면 그 나라의 문화를 존중하려면 싫어도 꾹 참고해야 하는 일이 있기 때문이다.

[길라잡이]
다른 문화생활 앞에서 어떻게 행동하는 것이 옳은지 생각해 보게 한다. "너희들이 아프리카에 방문했는데 원숭이 숯불구이가 저녁으로 나왔다면 어땠을까?" 등 부시 대통령을 이해하는 입장과 반대하는 입장을 이런저런 관점으로 생각해 볼 수 있도록 지도한다.

3. [예시답]
외국에서 온 친구를 신기한 듯 구경하는 것도 차별이라는 것을 처음 알게 되었다. 우리나라에 들어온 외국인을 차별하지 않는 방법이 그냥 일반적인 한국인들을 대하듯이 하면 된다는 것이라니 참 쉬운 방법이었는데, 지키지 못했던 것 같아 부끄러운 마음이 든다. 등.

[길라잡이]
책을 통해 알게 된 점이나 놀라운 점 등 기억하고 싶은 부분들을 자유롭게 기록하며 어떤 점을 노력해야 할지 스스로 생각해 볼 수 있도록 지도한다.

4. [예시답]
관용의 자세를 갖고 우리와는 다른 문화를 가진 사람들을 존중하고, 그들을 특별히 대우하기보다는 평범한 한국인을 대하듯이 한다.

[길라잡이]
관용(나와 다른 사람을 너그럽게 받아들이는 자세)에 대해 이야기 나누고 누군가에게 배려하고 따뜻하게 베풀면 좋은 점을 이야기 나눈다. 또한, 내가 다른 나라에 가서 그런 입장이 될 수 있는 상황도 함께 이야기해 본다.

5. [예시답]
① **찬성한다.** 그 이유는 인종, 국가, 종교, 성 소수자 등 사회적 소수자들에 대한 차별을 법으로 금지함으로써 개인의 차이와 다양성을 존중하고, 법으로 평등권을 보장하면 사회적 소수자들이 차별받지 않는 평화로운 사회가 될 것이다.
② **반대한다.** 차별하지 않은 사회가 되는 것은 좋다고 생각하지만, 이와 같은 문제는 차별하는 사람을 법률로 처벌하기보다는 도덕과 예의로 다루는 것이 더 좋다고 생각한다. 무조건적인 처벌보다 사회 문화의 정립이 필요하다고 생각한다.

[길라잡이]
차별을 금지하는 법률이 있다면 사회적 소수자들은 보호받고, 차별하는 사람들은 벌을 받을 수 있다. 하지만 공인이 아니라면 현실적으로 법적 처벌이 가능할지 불투명하다. 어떤 기준으로 차별이라고 판단할지 고민해 봐야 할 것이다. 사회 구성원들의 차별에 관한 인식 개

선 교육이라든지 차별 금지 캠페인을 벌이는 것도 하나의 방법일 수 있다.

아이들을 위한 PSAT와 LEET(52~53쪽)

1. [정답] | ②
[길라잡이]
이 문제는 문맥을 이해하고 근거를 찾는 추론 문제이다. 자연환경이 사람들이 살아가는 방식에 영향을 준다는 주장에 적절한 근거를 들어 설명하려고 할 때 책의 내용과 다른 것을 찾는 문제이다. 본문 36쪽을 보면 아프리카 지역은 일 년 내내 여름 날씨가 이어지지만 얼어 죽을 일이 없고, 옷을 많이 장만하지 않아도 되는 장점이 있다. 아프리카인들의 낙천적이고 느긋한 성격이 이러한 기후의 영향이라고 말한다. 따라서 ②는 적절한 근거가 아니므로 이것이 정답이다. 다른 답들은 전부 자연환경이 사람들이 살아가는 방식에 영향을 준다는 주장의 적절한 근거가 될 수 있다.

2. [정답] | ①
[길라잡이]
지문의 내용을 살펴보고 가장 알맞은 사자성어를 찾는 문제이다. 본문에서는 내가 인종이 다르다고 다른 사람을 차별하면 나 역시 다른 나라에서는 인종 차별을 당할 수 있다고 이야기하고 있다. 이런 상황에서는 입장을 바꿔 생각해 보는 자세가 필요하므로 정답은 ①이다. ② 일희일비(一喜一悲)는 한편으로는 기쁘고 한편으로는 슬픔. ③ 조삼모사(朝三暮四)는 자신의 이익을 위해 남을 속이고 놀림. ④ 일취월장(日就月將)은 나날이 또는 다달이 발전하거나 성장함. ⑤ 일석이조(一石二鳥)는 한 가지 일로 두 가지 또는 그 이상의 이득을 얻는다는 뜻으로 본문과는 관련이 없다.

3. [정답] | ②
[길라잡이]
지문의 내용을 살펴보고 삶에 적용을 바르게 하지 못한 친구를 찾는 문제로서 사실 부합 여부를 묻는 문제이다. 지문에서는 바람직한 세계 시민이 되기 위해 필요한 자세에 관해 이야기하고 있다. 그런데 ①은 세계의 시민으로서 자신을 필요로 하는 곳에 직접 참여하는 모습이다. 따라서 옳은 행동이다. ②는 얼핏 보면 친구를 배려해서 포크와 수저를 가져다주는 모습이지만, 손으로 식사하는 인도 친구의 문화를 이해하려고 애쓰는 모습이라고 보긴 어렵다. 그러므로 정답은 ②이다. ③은 다른 나라에서 일어나는 일에 공감하고 어려움을 함께 고민하는 모습으로서 세계 시민으로 충분히 할 수 있는 모습이다. ④와 ⑤도 다른 인종과 문화를 배척하기보다 이해하려는 세계 시민의 모습이라고 할 수 있다.

4. [정답] | ⑤
[길라잡이]
이 문제는 문맥을 이해하면서 주어진 문장의 근거를 찾는 추론 문제이다. ①과 ③은 ㉠의 근거가 아니라 비슷한 말이다. 따라서 정답이 아니다. ②는 주장을 그대로이다. "너는 천재야, 왜냐하면 너는 천재니까"라는 문장은 같은 말을 반복하는 것으로서 잘못된 주장과 근거라고 할 수 있다. 근거라고 제시한 문장이 전혀 근거로서의 역할을 못하고 있기 때문이다. ④는 주장에 대해 부연 설명을 하고 있다. 부연 설명도 근거라고 하기는 어렵다. "이 친구는 우리 반 반장이에요. 우리 반 학생을 이끈다는 말입니다."와 같아서 뒤의 문장은 앞의 문장의 근거가 아니라, 앞의 문장을 다시 한번 설명하는 문장일 뿐이다. 따라서 ④도 정답이 아니다. ㉠의 적절한 근거는 ⑤이다. 다시 말하면 "세계화의 바람직한 미래는 경쟁을 넘어선 공존과 조화라고 할 수 있다. 왜냐하면 한쪽 세계는 풍요를 누리고 다른 한쪽 세계는 빈곤에 힘겨워하는 상황이 계속된다면 지구의 질서와 작동 방식에 고장이 생길 수 있기 때문이다."가 된다.

마당을 나온 암탉

책을 펴는 아이들(55쪽)

1. [정답]
① 난용종 ② 함지박 ③ 몰인정 ④ 자맥질 ⑤ 횃대
⑥ 둥우리 ⑦ 폐계
[길라잡이]
5학년이 되면 독서를 잘하는가 잘하지 않는가에 따라 학교 성적도 달라지기 시작한다. 책을 잘 읽지 않게 되는 계기에는 게임 또는 SNS 때문인 경우도 있으나 모르는 단어가 많아서 읽기가 싫어지는 경우도 비일비재하다. 틈틈이 어휘 능력을 길러야 하는 이유가 바로 여기에 있다. '소망'은 '어떤 일을 바라는 것'이고, '장닭'은 '커다란 수탉'을 이르는 말이다. '진저리'는 '차가운 것이 몸에 닿거나 무서움을 느낄 때에 몸을 으스스 떠는 몸짓'을 말한다. '조무래기'는 '어린아이를 얕잡아 부르는 말'이다.

2. [정답]
㉠ 수련 ㉡ 소루쟁이 ㉢ 족제비 ㉣ 개개비 ㉤ 부들
[길라잡이]
이 문제의 동식물들 이름은 『마당을 나온 암탉』에 나온다. 해당 동식물이 어떤 것인지 미리 알고 있다면 책을 읽기가 더욱 쉽고, 모르고 읽었다고 하더라도 다음에 다

시 읽을 때 책 속의 내용을 더욱 확실하게 이해할 수 있을 것이다. 더 정확한 지식을 원하는 학생들이 있다면 교사나 학부모는 동물도감이나 식물도감을 활용하여 해당 동식물을 다시 알려 줄 수 있다.

책을 다시 읽는 아이들(56~57쪽)

1. [정답] | 잎싹 자신이
2. [정답] | 알을 품어서 병아리의 탄생을 보는 것.
3. [정답] | 나그네라는 이름의 청둥오리
4. [정답] | 품었다.
5. [정답] | 아기가 오리라는 사실
6. [정답] | 초록머리
7. [정답]

첫 번째 기적	철망을 나와서 아카시아 나무 아래에서 산 것
두 번째 기적	알을 품은 것

8. [정답] | 잎싹은 마당에서 필요 없는 암탉이고 초록머리는 마당 식구들보다 훨씬 뛰어나다고 생각했기 때문에.
9. [정답] | 사랑
10. [정답] | 족제비에게 잡아먹혔다.

책을 깊게 읽는 아이들(58~59쪽)

1. [예시답]
잎싹 – "양계장에서 마당으로 나오기 위해 먹이를 먹지 않음. 찔레 덤불 속에서 발견한 알을 품어 어미가 됨. 족제비한테 쫓기면서도 안전한 마당으로 돌아가지 않음. (예) 100점
나그네 – 알을 지켜 주고 잎싹에게 물고기를 가져다줌. 자신의 아기를 지키기 위해 최선을 다하고 급기야 자신을 희생하면서까지 자신의 알을 지킴. (예) 80점
초록머리 – 파수꾼이 됨, 무리와 함께 떠남. (예) 70점
집오리 떼 – 자신들의 정체성을 잃고, 편안한 환경에서 안주함. (예) 20점
수탉 가족 – 자기 가족만 생각할 뿐만 아니라 이기적이고 적당히 권위적임. (예) 10점
족제비 – 목적을 위해 수단과 방법을 가리지 않고 목적 달성을 함. (예) 90점 정도

2. [예시답]
나그네의 마음 : 아가야, 내가 품어 줄게. 걱정 마. 널 족제비로부터 반드시 지켜 줄거야. 나그네야, 이젠 걱정 마. 고마워. 등.
잎싹의 생각 : 알을 품어 줘서 고마워. 꼭 알이 깰 수 있도록 잘 품어 줘. 내가 위험으로부터 지켜 줄게.

[길라잡이]
뽀얀 오리를 잃고 알을 품을 수 없을까 봐 걱정했던 청둥오리, 잎싹이 품어 주는 모습을 보면서 어떤 마음일까. 날마다 물고기를 물어 나른 행동으로 짐작해 볼 수 있다. (66~67쪽)

3. [예시답]

청둥오리의 대답
뽀얀 오리가 알을 낳고 바로 족제비에게 잡아먹혔단다. (66쪽)
족제비에게 잡아먹힌 뽀얀 오리를 생각한단다. (67쪽)
아기가 날기를 바라고, 청둥오리 족속을 따라가기를 바라는 거야. (77쪽)

[길라잡이]
자신도 족제비에게 날개를 다쳐 집오리도 야생오리도 아닌 채로 살아야 했는데 뽀얀 오리마저 족제비의 먹이가 되었다. 이쯤 되면 최선을 다해서 아기를 지키고 싶어 하는 청둥오리의 마음을 알 수 있을 것이다.

4. [예시답] | 알이 그믐달이 뜰 때 깬다.
[길라잡이]
추론 능력을 알아보는 문제이다. 글에 나와 있는 내용을 근거로 하여 표현되지 않은 내용을 이해해야 하는 활동이다. "알이 깰 때까지, 어쩌면 그믐달이 뜰 때까지만." 밑줄 친 내용과 본문 "달이 얄팍해졌어. 그건 알이 깰 때가 되었다는 거야."(76쪽)로 미루어 보아 그믐달이 뜰 때 알이 부화한다는 사실을 추론해 볼 수 있다.

책을 내 것으로 만드는 아이들(60~61쪽)

1. [예시답]

잎싹과 닮은 인물	유명 인물 중 한비야 씨를 비롯하여 주변에서 친구, 선생님, 부모님, 친척 중에서 찾아볼 수 있습니다.
이유	이유는 잎싹과 같이 자신의 꿈을 이루기 위한 일이거나 더욱 더 나은 삶을 위해 열심히 노력하는 내용을 쓰면 됩니다.

[길라잡이]
제목을 통해 작가가 말하고자 하는 메시지를 파악해 보는 활동이다. '마당'이라는 의미를 이야기 나눠보고, '나간다'는 것은 온갖 고난과 위험이 도사리고 있다는 것을 의미한다. 그리고 주변에서 잎싹과 닮은 내용을 찾아보는데, 실제로 마당을 나온 암탉이 어떻게 살아가는가를 생각해보면 될 것이다.

2. [예시답]

옳다	마당 밖에는 족제비의 위험이 도사리고 있다. 초록머리의 엄마, 아빠도 족제비에게 결국 죽었다. 초록머리도 족제비에게 죽을지도 모른다. 그러니 마당에서 집오리들과 안전하고 편안한 삶을 사는 것이 낫다.

| 옳지 않다 | 마당은 안전하고 편안한지는 몰라도 청둥오리답게 살 수 있는 것은 아니다. 오리답게 사는 삶이 비록 위험할지라도 행복한 삶이다. |

[길라잡이]
어떻게 살아야 할 것인가에 대한 가치 판단을 요구하는 문제이다. 삶의 방식은 다양하다. 자신의 생각을 꾸밈없이 표현할 수 있는 문제로 어떻게 살 것인지를 생각해 볼 수 있다.

3. [예시답]

인상 깊은 장면	어떤 느낌을 받았나요?
알을 발견한 부분	그토록 소망하던 잎싹의 꿈이 이루어지는 장면을 보면서 나도 불가능하다고 생각했던 일을 다시 도전해 봐야겠다는 생각을 하게 되었다. 왜냐하면 잎싹도 알을 낳을 수 없어 어미가 될 수 없는 닭이었지만 어미가 되고자 하는 소망이 포기하지 않았기 때문이다. 그 결과 어미가 되는 꿈을 이루었다.
마지막 잎싹이 족제비에게 잡아먹혀서 영혼이 날아오르는 장면	잎싹이 초록머리를 보내고 쓸쓸하게 떠나지만, 자신이 날고 싶다는 꿈을 죽음으로써 이룬 것이라고 생각했다. 자신을 그토록 위험에 빠뜨리게 한 족제비의 새끼를 위해 자신을 희생하는 잎싹에게서 모성애를 강하게 느꼈다.

[길라잡이]
아이들마다 인상 깊은 장면에 대해 다양한 답이 나올 수 있다. 이유를 분명하게 제시해서 자신의 느낀 점으로 연결시킨다. 이 활동은 책 읽기를 통한 자신의 변화를 느껴 보는 활동이다.

4. [예시답]

하고 싶은 일	장래 희망 〈예시〉 초등학교 선생님
노력	꿈을 이루기 위해 어떤 노력을 해야 하는지 구체적으로 쓴다. 〈예시〉 1. 공부 열심히 하기(교대 합격하기) 2. 상대방을 이해하고 배려하는 마음 키우기 3. 책 많이 읽기 4. 아이들에게 들려 줄 체험 활동 많이 하기

[길라잡이]
독서를 통해 현실 적용 능력을 기르게 하는 문제이다. 나는 진정 무엇을 하고 싶은지, 잎싹과 초록머리를 생각하면서 자신의 문제로 연계해 생각해 보면 진정으로 내가 하고 싶은 일과 어떤 노력이 필요한지를 알 수 있다.

아이들을 위한 PSAT와 LEET(62~63쪽)

1. [정답] | ④
[길라잡이]
자신이 이해한 내용을 다른 표현으로 바꾸어 보는 문제이다. 자신이 실제 하고 싶은 말 대신 속담이나 격언을 인용하면 표현의 효과를 배가시킬 수 있다.
① "갈수록 태산이다."는 어려운 일을 당하면 당할수록 점점 어려운 일이 닥쳐 온다는 뜻이고, ② "도둑이 제 발 저린다."는 지은 죄가 있으면 자연히 마음이 조마조마하다는 것을 뜻하는 말이다. ③ "천리 길도 한 걸음부터"는 무슨 일이든 그 시초가 중요하다는 뜻이고, ⑤ "열 길 물속은 알아도 한 길 사람 속은 모른다."는 사람의 마음은 알아내기가 어렵다는 뜻이다.
④ "뜻이 있는 곳에 길이 있다."는 말은 목표를 정하고 최선을 다하면 길이 열린다는 뜻을 나타내고 있으므로 ④가 정답이다.

2. [정답] | ⑤
[길라잡이]
자기 정체성을 확인하는 문제이다. 저마다 자유를 누리며 자신의 정체성을 갖고 사는 일이 얼마나 중요한 지 일깨워 주는 활동이다.
①, ②는 전혀 관계없다고 볼 수는 없고, ③은 무리에 끼기 위한 노력의 하나일 뿐이다. 집오리로서의 문제가 아니기 때문에 ④도 전혀 관계없다. ㉠의 "아무도 너만큼 귀가 밝지 못할 거야."라는 말이나, ㉡의 "하고 싶은 걸 하라."는 말과 가장 상통하는 말은 ⑤이다. "하고 싶은 것"은 능력 발휘와 밀접하다고 하겠다.

3. [정답] | ③
[길라잡이]
글의 주제를 파악하는 문제이다. ①은 난용종 닭에서 알을 품어 어미가 되었다는 점에서 맞는 말이고, ②는 나도 초록머리처럼 훨훨 가보고 싶다는 말로 보아 옳은 말이다. ④는 고달프게 살았지만 참 행복하기도 했어 라는 말로 알 수 있다. ⑤는 "역경을 이겨내고 살았지만 행복하기도 했어." 라고 했으므로 맞는 말이다. 그런데 지문 안에는 소망을 이루었다는 말은 있어도 잎싹이 또 다른 소망을 위해 노력한다는 의미가 없다. 죽어 가는 잎싹이 또 다른 소망을 갖는 것은 불가능하다. 따라서 정답은 ③이다.